老年人

常见护理风险识别及应对实用指南

主　编　刘晓梅　刘凌华

副主编　孙　宁　苟　宁　张秋丽　申梦昕
　　　　赵　欣　温　馨　王　璐

编　　委（按照姓氏笔画排序）

王　璐　陕西省人民医院

申梦昕　天津科技大学

冯新宇　陕西省人民医院

刘晓梅　陕西省人民医院

刘凌华　陕西省人民医院

孙　宁　陕西省人民医院

张秋丽　陕西省人民医院

张建国　西安海豚蓝馨健康管理有限公司

苟　宁　陕西省人民医院

赵　欣　陕西省人民医院

桂芳锋　西安海豚蓝馨健康管理有限公司

温　馨　陕西省人民医院

魏　杰　西安海豚蓝馨健康管理有限公司

西安交通大学出版社
XI'AN JIAOTONG UNIVERSITY PRESS

图书在版编目(CIP)数据

老年人常见护理风险识别及应对实用指南／刘晓梅，
刘凌华主编. -- 西安：西安交通大学出版社，2025.6.
ISBN 978 - 7 - 5693 - 4052 - 5

Ⅰ. R473.59 -62

中国国家版本馆 CIP 数据核字第 2025ZY7820 号

Laonianren Changjian Huli Fengxian Shibie ji Yingdui Shiyong Zhinan

书　　名	老年人常见护理风险识别及应对实用指南	
主　　编	刘晓梅　刘凌华	
责任编辑	郭泉泉	
责任校对	肖　眉	
装帧设计	伍　胜	
出版发行	西安交通大学出版社	
	（西安市兴庆南路 1 号　邮政编码 710048）	
网　　址	http://www.xjtupress.com	
电　　话	（029）82668357　82667874（市场营销中心）	
	（029）82668315（总编办）	
传　　真	（029）82668280	
印　　刷	中煤地西安地图制印有限公司	
开　　本	787 mm×1092 mm　1/16　印张　6　字数　134 千字	
版次印次	2025 年 6 月第 1 版　　2025 年 6 月第 1 次印刷	
书　　号	ISBN 978 - 7 - 5693 - 4052 - 5	
定　　价	28.80 元	

主编简介

刘晓梅 陕西省人民医院护理部副主任，主任护师。兼任中国南丁格尔志愿服务总队陕西省人民医院分队副队长，中华护理学会医院感染管理专业委员会专家库成员，陕西省临床护理联合会副会长，陕西省护理学会医院感染管理专业委员会、陕西省保健学会护理专业委员会副主任委员，陕西省医学传播学会重症康复专业委员会、西安市护理学会社区护理专业委员会副主任委员等职务。担任全国新职业技术技能大赛"健康照护师"、陕西省"福彩杯"养老护理职业技能大赛裁判。获陕西省优质护理服务先进个人、"中国护士志愿精神魅力奖"等称号。曾赴台湾省、广东省研修。承担省、市级课题 3 项；获陕西省科学技术二等奖 1 项、三等奖 2 项；获实用新型专利 4 项；编写专著 2 部；发表学术论文 60 余篇，SCI 收录 1 篇。

刘凌华 陕西省人民医院总护士长，应用心理学与管理硕士。兼任陕西省临床护理联合会重症护理专业委员会主任委员、陕西省护理学会呼吸护理专业委员会副主任委员、西安医学会老年护理学组副组长、西安护理学会老年护理专业委员会副主任委员、陕西省呼吸专科护士培训基地负责人等职务。从事临床护理工作 30 余年。主要研究方向为老年患者康复护理与心理调适管理、慢性气道炎症性疾病护理及管理、危重症患者护理，具有丰富的疾病护理知识及临床管理经验，曾赴台湾省等地区研修。主持及参与省级科研项目 6 项；获发明专利及实用新型专利 6 项；撰写专著 5 部；发表学术论文 20 余篇，SCI 收录 2 篇。

前　言

在人生的漫长旅程中，老年阶段如同一幅深沉而丰富的画卷，承载着岁月的积淀与智慧的结晶。然而，随着年岁的增长，老年人不仅面临着机体功能的自然衰退，认知能力、感知能力、活动能力的下降，还可能遭遇各种健康挑战与护理风险。这些风险不仅影响着老年人的生活质量，而且会给家庭和社会带来不小的照护压力。因此，如何有效识别并妥善应对老年人常见的护理风险，已成为当今社会亟待解决的重要课题。

《老年人常见护理风险识别及应对实用指南》一书旨在通过系统梳理和分析老年人可能遇到的各类护理风险，包括但不限于跌倒、压力性损伤、误吸、感染、心脑血管意外、失能、营养不良、心理困扰及药物误用等，为读者提供一套全面、实用且易于操作的应对策略。

我们深知，每一位老年人都是独一无二的个体，他们的身体状况、生活习惯、心理需求各不相同。因此，本书在阐述风险识别与应对策略时，特别注重个性化与综合性原则的结合，力求为不同情境下的老年人提供量身定制的照护建议。同时，我们希望通过本书的引导，构建一个全方位、多层次的照护支持体系，能为照护老年人的养老护理员、家庭成员、社区、医疗机构及社会各界有需求的人士提供帮助，使其在老年人护理中学会如何根据老年人的具体情况，制订科学合理的护理方案，从而有效预防和控制护理风险的发生。

本书由陕西省人民医院护理团队主编，共计4章，12.3万字。编委会成员刘晓梅、刘凌华、苟宁、张秋丽、赵欣、温馨、王璐均从事临床护理工作，有着丰富的临床护理经验，但因编写时间仓促，难免有不足之处，恳请使用本教材的广大人员不吝提出建议与指正，使本书能与时俱进、日臻完善，为我国的老年护理事业作出贡献。

在撰写本书的过程中，我们广泛参考了国内外最新的研究成果与实践经验，力求使本书内容既具有科学性，又贴近实际。书中不仅包含了丰富的理论知识，还列举了大量的案例分析与实践指导，旨在帮助读者将所学知识转化为解决实际问题的能力。

　　本书不仅是一本为老年人及其照护者量身定制的实用指南，更是我们对尊老爱老传统美德的一次深情致敬。我们希望通过这本书，能够唤起社会各界对老年人健康问题的更多关注，共同推动构建一个更加和谐融洽、充满关爱的社会环境。

　　愿每一位老年人都能拥有一个健康、幸福、有尊严的晚年生活，让夕阳之光更加灿烂夺目。

刘晓梅

2025 年 3 月

目　录

第一章 绪 论

随着社会的发展，老年人的护理问题日益受到关注。在护理老年人的过程中，存在着诸多风险，稍有不慎便可能给老年人带来伤害。本书旨在为养老护理员及老年人家属提供专业指导，帮助大家识别老年人常见的护理风险。从跌倒、误吸等身体风险，到心理层面的情绪变化风险，我们深入剖析每种风险的特点及成因，同时提供切实可行的应对策略，让你在面对护理难题时不再束手无策，为老年人的晚年生活保驾护航。

第一节 人口老龄化的背景

✐ 学习目标

1. 掌握人口老龄化的形成因素。
2. 熟悉人口老龄化的概念及现状。
3. 了解人口老龄化的深远影响。

老年人数量的不断增长是不可逆转的全球趋势，这既是挑战，也是机遇。如何为老年人提供优质、高效、安全的服务，从而进一步提升老年人的生活质量，需要我们不断探索。

一、人口老龄化的概念

简而言之，人口老龄化是指一个国家或地区老年人口数（通常指60岁或65岁以上）占总人口数比例不断上升的过程。这一趋势并非某一国家的特有现象，而是全球性的挑战。

二、人口老龄化的现状

随着医疗水平的提升、生活质量的提高及健康意识的增强，人们的寿命普遍延长，老年人口占比随之攀升。据联合国统计，1980年，全球65岁以上人口仅为2.6亿；到2021年，这一数字已翻番，达7.61亿；预计到2050年，全球60岁及以上人口将达到21亿，占总人口的22%，而65岁及以上人口数量将增加到16亿。每6人中就有1人属于这一群体。

发展中国家老年人数量增加最多且最为迅速，亚洲将成为老年人口最多的区域。

我国从 20 世纪 70 年代开始，绝大部分家庭只养育了 1 或 2 个孩子，老年人口逐渐增加，而新生儿数量逐渐减少，这在一定程度上加快了人口老龄化进程。

随着科学技术(特别是医疗技术)的进步，人口死亡率不断降低，人均寿命不断延长，进而使得我国的人口老龄化呈现数量多、速度快、差异大、任务重的特点。我国 60 岁以上老年人口占总人口的比例持续上升，2000 年这一比例已经达到 7.0%，预计在 2035 年左右，60 岁以上的老年人口将会突破 4 亿，占总人口的比例将超过 30%，我国将进入重度老龄化阶段。

三、人口老龄化的形成因素

(一)生育率下降

随着教育水平的提升和女性社会地位的提高，家庭规模逐渐缩小，晚婚晚育成为普遍现象，直接导致出生率下降。

(二)医疗进步

现代医学的发展使得许多曾经致命的疾病得到有效控制，老年人生存率大幅提高。

(三)生活水平改善

营养条件的改善、公共卫生服务的普及及健康意识的增强，共同促进了人口寿命的延长。

(四)社会结构变化

城市化进程加速，传统大家庭模式向小家庭转变，养老责任更多地转向社会。

四、人口老龄化的深远影响

(一)经济层面

劳动力供给减少，可能影响经济增长潜力；养老金支付压力增大，财政负担加重；消费市场结构变化，老年产品和服务需求增加。

(二)社会层面

家庭养老功能弱化，养老服务需求激增；代际关系调整，年轻一代面临更大的养老压力；社会保障体系需进一步完善。

(三)文化层面

尊老敬老的传统价值观得到强化，但同时也可能引发对"老有所依"的重新定义，促进老年文化的多元化发展。

五、应对策略与未来展望

面对人口老龄化的挑战，各国政府、社会各界需共同努力，采取综合措施。

(一)政策引导

制订长远的老龄化应对策略，包括调整退休年龄、完善养老保障体系、鼓励生育等。

(二)科技创新

利用人工智能、大数据等技术提高养老服务效率，发展智慧养老，满足个性化养老需求。

(三)社会参与

鼓励老年人继续参与社会活动，通过志愿服务、终身学习等方式保持活力，实现老有所为。

(四)家庭支持

完善家庭养老功能，提供税收减免、家庭护理补贴等政策支持，减轻家庭养老负担。

随着人口老龄化的到来(图 1-1)，需要我们重新审视社会结构、经济发展模式乃至文化价值观。让我们携手共进，以智慧、爱心及勇气，共创一个老有所养、老有所乐的美好未来。

图 1-1 人口老龄化

知识链接

人类长寿的基本要素

美国著名人类长寿研究专家卡尔迈博士在题为《人类长寿的秘诀》一文中写到，人类要得以长寿，必须具备以下 5 个基本要素。

(1)人类生活必须要有绿色的空间和新鲜的空气。人们如果生活在满是树木花草的环境中，视野所及春意盎然，一片生机，那么就会心胸开阔、身体健康。

(2)人类在现代生活中，必须保持活跃的好奇心，要有丰富、充实的精神生活。

(3)每天必须有适当的活动量。

(4)必须牢记，饮食切勿过量。只要营养成分适当、均衡，能满足身体活动所必需的营养即可。

(5)在预防疾病的同时，必须对疾病有一定的认识，以便更好地预防和治疗疾病，而不是单纯地控制疾病。

第二节 老年人风险识别与应对策略的重要性

学习目标

1. 掌握生活安全风险的识别与防范策略。
2. 熟悉健康风险识别与预防的重要性。
3. 了解社会福祉提升的意义。

老年人风险识别与应对策略的重要性不言而喻，它对于保障老年人的健康、安全和生活质量具有至关重要的作用。以下将从多个方面详细阐述其重要性。

一、健康风险识别与预防的重要性

(一)早期发现潜在疾病风险

通过风险识别机制，可以及时发现老年人可能存在的慢性疾病、功能障碍等健康隐患，从而采取精确、有效的预防措施，遏制病情发展，确保老年人的健康状态。

例如，通过老年综合评估(CGA)等工具，可以全方位、深层次地了解老年人的健康状况，包括慢性疾病、认知功能、营养状态监测等多个维度，从而实现对潜在健康风险的早发现、早处理。

(二)降低医疗成本

(1)通过对健康风险的早期识别与及时干预，可以有效减少老年人因疾病导致的医疗费用支出，实现医疗成本的有效控制。

(2)借助高效的健康管理手段，我们还能显著降低老年人因疾病住院及长期护理需求产生的医疗费用，进一步缓解医疗系统负担，优化资源配置。

(三)提高生活质量

(1)健康风险的有效识别与预防，有助于老年人保持较好的身体状态，进而促进其生活质量的全面提高。

(2)健康的体魄使老年人能够更积极地参与社会活动，享受丰富多彩的晚年生活，从而收获满满的幸福感与成就感，实现晚年生活的美好愿景。

二、生活安全风险的识别与防范策略

(一)降低意外伤害风险

老年人由于生理功能的衰退，容易发生跌倒、压疮等意外伤害，风险识别成为预防此类事故发生的关键。通过细致的风险识别，可以及时发现并消除环境中的安全隐患，如湿滑的地面、不稳定的家具等，从而显著降低老年人遭遇意外伤害的概率，确保他们的生活环境安全无忧。

（二）提升自我保护能力

通过风险教育和培训，老年人可以了解并掌握一些正确的、基本的自我保护技能，如采取正确的行走姿势、使用辅助工具等，这些技能将在关键时刻发挥重要作用，帮助他们有效避免或减轻意外伤害的影响，实现自我保护能力的显著提升。

（三）营造安全、和谐的家庭和社会环境

老年人生活安全风险的防范，不仅关乎老年人的个人安全，更关乎整个家庭与社会的和谐、稳定。通过全面加强风险识别与防范工作，我们不仅能为老年人提供一个安全、舒适的生活环境，还能有效减少因意外伤害而引发的家庭纷争和社会问题，从而营造更加安全、和谐的家庭与社会氛围。

三、资源分配与利用的优化

（一）合理配置医疗资源

通过风险识别，可以更加精准地了解老年人的健康需求和服务需求，从而合理配置医疗资源，如强化护理团队建设、增加专业检查频次等，确保老年人能够及时获得高效、贴心的医疗服务，满足其多样化的健康需求。

（二）提高资源利用效率

风险识别与应对策略的实施，有助于我们实现医疗资源的优化配置与高效利用。通过精准的健康管理，我们能够减少不必要的医疗检查与药物治疗，避免医疗资源的浪费与重复利用，从而显著提升资源利用效率，降低医疗成本。

（三）促进医疗服务的可持续发展

优化的资源分配与利用，为医疗服务的可持续发展奠定了坚实基础。通过精准识别老年人的健康需求、合理配置医疗资源，可以确保医疗服务体系的稳健运行，为老年人提供更加稳定、可靠的医疗保障，推动医疗服务事业的长远发展。

四、社会福祉提升的意义

（一）减轻家庭负担

1. 缓解经济与精神压力

通过实施风险识别与应对策略，能够显著降低老年人因疾病或意外伤害而给家庭带来的经济与精神双重负担。这不仅意味着家庭可以减少因医疗开销而承受的经济压力，更意味着家属能够避免因担忧老年人健康而产生的心理负担，从而维护家庭的经济稳定与整体和谐。

2. 提高家庭生活质量，增强幸福感

在风险得到有效管理与控制的情况下，家庭成员能够更加专注于为老年人提供贴心的照顾与陪伴。亲情陪伴不仅有助于老年人的身心健康，更能够增进家庭成员之间的情感联系，提升整个家庭的生活质量，增强幸福感。

（二）促进社会和谐稳定

1. 关注老年人群体，维护社会稳定

老年人作为社会的宝贵财富与重要组成部分，其健康和生活状况是衡量社会和谐稳定的重要指标。老年人的幸福安康直接关系到社会的整体氛围与长远发展。因此，我们必须高度重视老年人群体，努力改善其生活品质，为社会的和谐稳定奠定坚实基础。

2. 实施风险识别与应对策略，化解社会矛盾与冲突

通过实施风险识别与应对策略，我们能够更有效地保障老年人的合法权益与身心健康。这不仅有助于减少因老年人问题而引发的社会矛盾和冲突，而且有助于营造一个尊老、敬老、爱老的社会氛围，增强社会凝聚力与向心力，共同推动社会的和谐稳定发展。

（三）推动社会进步与发展

（1）老年人风险识别与应对策略的完善和实施，有助于推动社会在老龄化背景下的进步与发展。

（2）通过加强老年人的健康管理和服务保障，有助于提升老年人的健康水平，为老年人的晚年生活提供支持。

综上所述，老年人风险识别与应对策略的重要性不言而喻，它不仅关乎老年人的个人健康和生活质量，还影响到家庭、社会乃至整个国家的福祉与发展。因此，我们应该高度重视老年人风险识别与应对策略的制订和实施，警惕老年人的健康风险（图1-2），为老年人的健康和生活提供更加全面、有效的保障。

图1-2 警惕老年人的健康风险

📖 知识链接

老年人常见意外风险小知识

老年人因身体功能下降，易发生意外风险，如跌倒、烫伤、药物误服及交通安全等。跌倒是最常见的意外之一，因此家中相应位置应安装扶手，保持地面干燥防滑。烫伤风险也不容忽视，使用热水时应先测试温度。药物误服可能导致严重后果，应定期清理过期药品，并严格按照医嘱用药。此外，老年人外出时也需注意交通安全，避免夜间或恶劣天气出行。增强风险意识，采取预防措施，可有效避免老年人发生意外，保障其健康、安全地度过晚年生活。

第二章　老年人护理风险识别

　　随着人口老龄化的加速,老年人护理风险日益凸显,常见的风险有跌倒/坠床风险,压疮风险,误吸风险,感染风险,心血管疾病、脑血管疾病风险,用药风险,营养不良风险,失能风险,不良心理状态风险,社会隔离风险等。这些风险不仅影响着老年人的身体健康和生活质量,也给护理工作带来了巨大挑战。正确识别老年人护理过程中的各类风险,采取有效的预防和护理措施,对于保障老年人的安全和健康至关重要。本章将详细阐述如何使用护理风险评估工具正确识别老年人护理过程中的风险,以及如何根据评估结果制订相应的防范措施,以期为提高老年人护理的质量和安全提供借鉴(图2-1)。

图2-1　关注老年人健康风险

第一节　跌倒/坠床风险

学习目标

1. 掌握老年人跌倒/坠床的预防措施。
2. 熟悉老年人跌倒/坠床风险的评估。
3. 了解老年人跌倒/坠床风险的发生情境与环境因素。

　　跌倒(fall)是指突发的、不自主的、非故意的倒地现象,包括倒在地上或更低的平面上。国际疾病分类(ICD－10)将跌倒分为以下两类:一是同一平面的跌倒;二是从一个平面至另一个平面的跌落(坠床)。引起老年人跌倒/坠床的原因是多方面的,既有内在的危险因素(如生理、病理、药物及心理等),也有外在的危险因素(如环境及社会等)。与衰老相关的生理功能下降及环境、心理及疾病状态等对老年人的神经、肌肉、感知、认知等造成影响,老年人跌倒/坠床是多因素交互作用的结果。

一、发生情境与环境因素

(一)发生情境

1. 起身活动时

　　(1)老年人从椅子上站起或从床上起身时,可能因身体虚弱、头晕目眩后失去平衡而跌倒/坠床。例如,早晨起床时动作过快,血压突然变化,脑部供血不足,导致站立不稳,进而跌倒/坠床。

　　(2)久坐后突然起身,下肢血液循环不畅,肌肉力量不足,难以支撑身体重量而跌倒(图2－2)。

图2－2　久坐站起易发生跌倒

　　(3)夜间老年人起床上厕所,由于意识尚未完全清醒,身体协调性差,再加上对周围环境不熟悉或照明不足,可能在起身或行走过程中失去平衡而跌倒/坠床。

　　(4)若床的护栏未拉起或护栏高度不够、不牢固,就容易坠床。

2. 行走过程中

　　(1)地面不平坦或有障碍物,如地毯边缘翘起、地面有杂物等,容易将老年人绊倒(图2－3)。

图 2-3 地面不平坦导致跌倒

（2）行走速度过快，尤其是在紧急情况下，如听到电话铃声急于去接听，可能因步态不稳而跌倒。

（3）穿着不合适的鞋子，如鞋底滑、鞋跟过高或过软等，也会增加跌倒的风险。

3. 上下楼梯时

（1）楼梯没有扶手或扶手不牢固，老年人在上下楼梯时缺乏支撑，容易跌倒。

（2）楼梯台阶高度不一致、照明不足，老年人看不清台阶，容易踩空而跌倒（图2-4）。

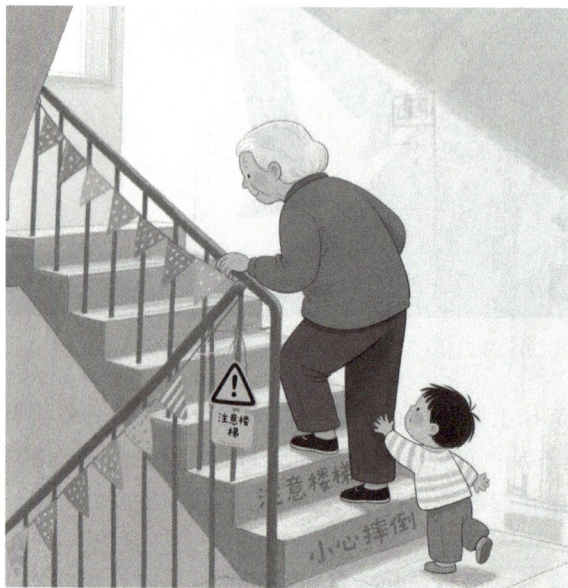

图 2-4 上下楼梯时易摔倒

4. 进行日常活动时

(1)洗澡时地面湿滑，没有防滑设施，老年人容易跌倒。

(2)伸手拿高处物品时，身体过度伸展，老年人可因失去平衡而跌倒(图2-5)。

图2-5 取高处物品时摔倒

(3)在厨房做饭时，被热锅、热水烫伤后惊慌失措，易导致跌倒。

5. 其他情况下

(1)突发疾病：老年人突然出现头晕、心慌、胸闷等症状，身体失去控制而跌倒/坠床。例如，高血压老年人血压突然升高、低血压老年人突然起立出现体位性低血压等情况都可能导致瞬间失去平衡。

(2)挣扎或躁动：患有认知障碍、痴呆或某些精神疾病的老年人，可能会出现挣扎、躁动不安的情况，从而导致跌倒/坠床。

(二)环境因素

1. 室内环境

(1)光线不足：房间光线昏暗，老年人视力下降，难以看清周围环境，会增加跌倒/坠床风险。

(2)地面状况：①地面潮湿、有积水，或者过于光滑，如瓷砖地面没有做防滑处理；②地毯没有固定好，容易滑动；③家具摆放不合理，过道狭窄，老年人活动时容易被绊倒。

2. 室外环境

(1)路况不佳：道路不平坦，或者有松动的地砖。

(2)天气因素：下雨或下雪后地面湿滑，老年人行走困难(图2-6)；大风天气可能使老年人站立不稳。

图 2 - 6　地面湿滑易摔倒

（3）缺乏扶手和休息设施：在户外行走时，如果没有扶手或休息的地方，老年人容易因疲劳而跌倒。

3. 居住设施

（1）床的高度不合适：床过高或过低，老年人上下床不方便，容易坠床。床边没有安装床栏，会增加坠床风险。

（2）床垫过软或过硬：床垫过软或过硬时，老年人睡觉不舒服，可能频繁翻身，增加坠床风险。

（3）座椅不稳固：椅子没有扶手、靠背不牢固，或者座椅高度不合适，老年人起身和坐下时容易跌倒。

（4）卫生间设施不完善：卫生间没有安装扶手、铺防滑垫，以及马桶高度不合适等，都增加跌倒风险。

二、跌倒/坠床与老年人身体功能的关联性

老年人跌倒/坠床与身体功能有密切的关联性，主要体现在以下几个方面。

（一）肌肉力量减弱

随着年龄的增长，老年人的肌肉逐渐萎缩，力量减弱。这使得他们在起身、行走、上下楼梯等活动中，难以保持身体的平衡和稳定。此外，肌肉力量减弱还会影响老年人对身体的控制能力，例如在突然转身或躲避障碍物时，反应速度变慢，会增加跌倒/坠床的风险。

（二）平衡能力下降

老年人的平衡能力会随着年龄的增长而逐渐下降，这是老年人跌倒/坠床的主要原因。内耳的平衡器官功能衰退、视觉和本体感觉障碍等因素，都会影响他们对身体位

置和运动状态的感知。平衡能力下降使得老年人在站立、行走或进行其他活动时，更容易失去平衡而跌倒/坠床。

（三）病理因素

病理因素包括以下几点。①神经系统疾病：如卒中、帕金森病、小脑疾病等。②心血管疾病：如体位性低血压、脑梗死、脑血管缺血性病变等。③影响视力的眼部疾病：如白内障、偏盲、青光眼、黄斑变性。④认知障碍：如阿尔茨海默病等。这些病理因素都会影响机体的平衡功能，导致神经反射时间延长和步态紊乱。

三、识别方法和评估

跌倒/坠床风险的识别和评估是老年人综合评估的重要内容。及时准确的评估可以提早预防跌倒/坠床事件的发生。我们可以从以下几个方面进行评估（图2-7）。

图2-7　为老年人做跌倒/坠床风险的评估

（一）病史评估

1. 询问既往跌倒/坠床史

了解老年人过去是否曾经跌倒/坠床过，以及跌倒/坠床的次数、时间、地点和原因。有跌倒/坠床史的老年人再次跌倒/坠床的风险较高。

2. 疾病史

了解老年人是否患有慢性疾病，如高血压、糖尿病、心脏病、脑血管疾病、帕金森病、骨质疏松症等。这些疾病可能会影响老年人的身体平衡、视力、肌力等，增加跌倒/坠床的风险。

3. 用药史

了解老年人正在服用的药物。某些药物可能会引起头晕、嗜睡、视物模糊、低血压等不良反应，增加跌倒/坠床的风险，如降压药、降糖药、镇静催眠药、抗抑郁药等。

（二）身体功能评估

1. 视力评估

检查老年人的视力是否正常，是否有近视、远视、散光、白内障、青光眼等眼部疾病。视力下降会影响老年人对周围环境的观察和判断，增加跌倒/坠床的风险。

2. 听力评估

检查老年人的听力是否正常，是否有耳鸣、耳聋等耳部疾病。听力下降会影响老年人对声音的感知和反应，增加跌倒/坠床的风险。

3. 肌力评估

检查老年人的肌力是否正常，是否有肌肉萎缩、肌无力等问题。肌力下降会影响老年人的身体平衡和活动能力，增加跌倒/坠床的风险。可以通过握力测试、抬腿试验等方法对肌力进行评估。

4. 平衡能力评估

检查老年人的平衡能力是否正常，是否有头晕、眩晕、共济失调等问题。平衡能力下降会影响老年人的身体稳定性，增加跌倒/坠床的风险。可以通过闭目站立、单足站立、走直线等方法进行评估。

5. 步态评估

检查老年人的步态是否正常，是否有跛行、拖步、慌张步态等问题。步态异常会影响老年人的行走速度和稳定性，增加跌倒/坠床的风险。可以通过观察老年人的行走姿势、步幅、步速等进行评估。

（三）环境评估

1. 居住环境评估

检查老年人的居住环境是否安全，是否有防滑垫、扶手、照明设施等。危险无序的居住环境是跌倒/坠床的危险因素，如地面潮湿、光滑、有障碍物，楼梯没有扶手、照明不足，家具摆放不合理等。

2. 活动环境评估

检查老年人的活动环境是否安全，是否有防滑垫、扶手、照明设施等。活动环境不安全会增加老年人跌倒/坠床的风险，如公共场所地面潮湿、光滑、有障碍物，卫生间没有扶手、照明不足等。

（四）心理评估

1. 情绪评估

了解老年人的情绪是否稳定，是否有焦虑、抑郁、恐惧等情绪问题。情绪不稳定会影响老年人的注意力和反应能力，增加跌倒/坠床的风险。

2. 认知评估

了解老年人的认知功能是否正常，是否有记忆力减退、定向力障碍、判断力下降等问题。认知功能下降会影响老年人对周围环境的认识和判断，增加跌倒/坠床的风险。

通过以上几个方面的评估，可以综合判断老年人跌倒/坠床的风险程度，并采取相应的预防措施。例如，对于跌倒/坠床风险高的老年人，可以提供辅助器具、加强监护、改善居住条件等；对于跌倒/坠床风险低的老年人，可以采取健康教育等措施，以提高自我保护意识。

四、预防措施

(一)营养均衡

保证老年人摄入足够的营养，尤其是钙、维生素 D 和蛋白质等，以利于维持骨骼的正常功能。

(二)适度运动

鼓励老年人进行适度运动，如散步、打太极拳、游泳等，以利于增强肌肉力量、提高平衡能力和灵活性，减少跌倒/坠床的风险。

(三)环境安全

保持老年人居住环境的安全，消除可能导致跌倒/坠床的危险因素。

(四)穿着合适

老年人应选择合适的鞋子，鞋底要防滑、舒适，鞋跟不宜过高；应穿着宽松、舒适的衣服，避免因衣服过长或过紧而影响行动。

(五)视力、听力保护

定期为老年人检查视力和听力，如有问题，及时治疗。戴合适的眼镜和助听器，有助于提高老年人对周围环境的感知能力，减少跌倒/坠床的风险。

(六)药物管理

老年人服用的药物可能会影响其平衡能力和意识状态，增加跌倒/坠床的风险。因此，要定期检查老年人的用药情况，避免服用不必要的药物。

(七)安全教育

对老年人及养老护理员进行安全教育，提高他们对跌倒/坠床风险的认识和预防意识。同时，养老护理员要加强对老年人的监护，以便于及时发现和消除安全隐患。

🌟 知识链接

老年人跌倒/坠床后的紧急处理措施

一、保持冷静

老年人跌倒/坠床后，不要惊慌，保持冷静，避免因慌乱而加重老年人的伤势。

二、不要急于扶起老年人

老年人跌倒/坠床后，不要立即扶起老年人，应先观察老年人有无意识、呼吸、心跳等生命体征，以及有无明显的外伤、出血等情况。

三、判断老年人的意识是否清楚，回答问题是否切题

(一)若老年人意识清楚

(1)询问老年人是否有疼痛、不适等症状，了解跌倒/坠床的经过和感受。

（2）若老年人无明显不适，可缓慢协助其起身。先让老年人侧身，用手臂支撑身体，慢慢坐起，然后在旁人的搀扶下站立。起身过程中如老年人感到疼痛或不适，应立即使老年人停止起身，拨打"120"并等待医护人员到来。

（3）若老年人受伤部位有疼痛、肿胀等疑似骨折的表现，应保持受伤部位静止，避免移动和扭曲，以免加重骨折。可就地取材，先用夹板或书本等固定受伤部位，然后拨打"120"。

（二）若老年人意识不清

（1）立即拨打"120"。

（2）让老年人平卧，将其头部偏向一侧，防止因呕吐物误吸而导致窒息。

（3）注意保暖，可盖上毯子或衣物。

（4）不要随意搬动老年人，应等待医护人员到来。

第二节　压疮风险

📝 **学习目标**

1. 掌握老年人发生压疮后的动态评估与干预建议。
2. 熟悉老年人压疮的形成原因与常见部位。
3. 了解压疮的分期。

压疮是医院患者安全管理的重点项目之一。有研究表明，在全球范围内，发达国家的压疮患病率为7%～14%，发展中国家的压疮患病率为8.3%～12.5%。压疮是造成老年人身心严重伤害的危险因素之一，对其的治疗被国际医学界列为20世纪治疗并发症花销占比最大的项目之一。

一、形成原因与常见部位

压疮是指由压力或压力联合剪切力导致的皮肤和（或）皮下组织的局部损伤，通常发生于骨隆突处，但也可能与医疗器械或其他物体有关，其形成原因与常见部位如下。

（一）形成原因

1. 压力因素

（1）垂直压力：对局部组织的持续性垂直压力是引起压疮的重要原因。老年人长期卧床，骶尾部、肩胛部、足跟部等骨隆突处长时间受压，可阻断毛细血管对组织的灌注，导致局部组织缺血、缺氧，从而发生压疮。

（2）摩擦力：当老年人在床上移动或被搬运时，皮肤与床单、轮椅等表面产生的摩擦力可增加压疮的发生风险。

（3）剪切力：老年人平卧时抬高床头，身体下滑，皮肤与床铺之间产生剪切力，可使骨隆突处的组织受压而发生血液循环障碍，进而导致压疮。

2. 环境及理化因素

环境及理化因素如出汗，伤口引流液外渗，大、小便失禁等，易使皮肤浸润、变软，进而导致压疮。

3. 生理及病理因素

生理及病理因素包括：①老年人皮肤老化；②活动受限；③对冷、热、痛感觉迟钝；④全身营养不良。

(二)常见部位

(1)取仰卧位时：好发于枕骨粗隆、肩胛部、肘部、脊椎体隆突处、骶尾部、足跟部等(图2-8A)。

(2)取侧卧位时：好发于耳郭，肩峰，肋骨，肘部，髋部，膝关节的内、外侧，内、外踝等(图2-8B)。

(3)取俯卧位时：好发于面颊部、耳郭、肩部、女性乳房、男性生殖器、髂嵴、膝部、脚趾等(图2-8C)。

(4)取坐位时：好发于坐骨结节、骶尾部、足跟部等(图2-8D)。

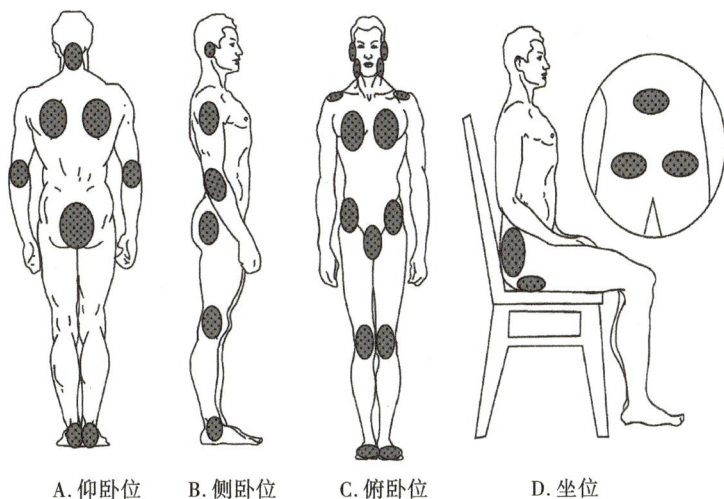

A.仰卧位　　B.侧卧位　　C.俯卧位　　D.坐位

图2-8　压疮的好发部位

二、分期

压疮可分为以下几期，其临床表现如下。

(一)1期压疮

1期压疮的临床表现为皮肤完整，出现压之不褪色的局限性红斑。其通常在骨隆突处等受压部位出现，与周围组织相比，该部位可能有疼痛、发硬或变软、皮温升高等表现。

(二)2期压疮

2期压疮的临床表现为部分皮层缺失，真皮层暴露，伤口床呈粉红色或红色，湿润，也可表现为完整或破损的浆液性水疱，脂肪及深部组织未暴露，无肉芽组织、腐肉和焦痂。

（三）3 期压疮

3 期压疮的临床表现为全层皮肤缺失，可见皮下脂肪，无筋膜、肌肉、肌腱、韧带、软骨或骨骼暴露；可有腐肉存在，但未掩盖组织缺失的深度。

（四）4 期压疮

4 期压疮的临床表现为全层皮肤和组织缺失，溃疡处可见筋膜、骨骼、肌腱或肌肉暴露；伤口床可能有部分腐肉或焦痂覆盖，常伴有潜行或窦道。

（五）不可分期压疮

不可分期压疮的临床表现为全层皮肤和组织缺失，由于伤口床被腐肉或焦痂覆盖，因而无法确定其实际深度。

（六）深部组织压疮

深部组织压疮的临床表现为皮肤完整或破损的局部皮肤出现持续的压之不褪色的紫色、深红色或褐红色，或表皮分离，呈现黑色的伤口床或充血性水疱。

三、动态评估与干预建议

（一）动态评估

1. 皮肤状况评估

（1）定期检查老年人皮肤，至少每 2 h 翻身 1 次，观察是否有红斑、水疱、破损等压疮的早期迹象，并监测皮肤温度、湿度、颜色变化。尤其要注意骨隆突处、受压部位及医疗器械接触皮肤的部位。

（2）对大、小便失禁的老年人，注意观察尿道口周围和骶尾部皮肤，应避免排泄物、潮湿对皮肤的刺激等。

2. 危险因素评估

（1）评估老年人的感知力，如是否有感觉减退或丧失，这会影响老年人对压力和疼痛的感知。

（2）评估老年人皮肤周围环境是否潮湿，避免潮湿对皮肤的刺激。

（3）评估老年人的活动能力和移动性，包括是否卧床不起、移动能力受限。

（4）评估老年人的营养状况，包括体重、营养摄入、血清白蛋白水平等。营养不良会增加压疮的风险。

（5）评估是否存在摩擦力和剪切力，这也是导致压疮的重要因素。

3. 评估频率

（1）使用 Braden 压疮风险评估量表，对高风险老年人，每天进行皮肤评估；对中低风险老年人，可每周进行 2 或 3 次皮肤评估。

（2）当老年人病情变化、治疗方案调整或出现新的危险因素时，应及时重新进行评估。

(二)干预建议

1. 体位改变和早期活动

对不能自主活动的老年人，定期为其翻身，根据老年人的病情、活动能力和皮肤耐受程度，确定翻身的频率，一般每 2~4 h 翻身 1 次。协助老年人翻身时，动作应轻柔，避免拖、拉、拽、推，必要时可使用翻身翼、中单等协助。

2. 支撑用具

高危老年人应尽早使用减压床垫、坐垫等辅助器具预防压疮。全身减压可使用气垫床、水床等；局部减压可使用减压敷料或减压垫等。不能自主活动的老年人侧卧时，应在其两腿之间放软枕等体位摆放装置；高危老年人做手术时，应选择合适的减压装置，确保其能有效减轻压力，同时保持其舒适；对坐轮椅的老年人，应定期调整坐姿，可使用轮椅坐垫和靠垫，增加舒适度和减压效果。

3. 皮肤护理

(1)保持皮肤清洁、干燥，保持床铺干净、整洁、平整，避免潮湿。

(2)对容易出汗或大、小便失禁的老年人，可在其肛周使用皮肤保护剂，使用吸水性好的护理垫和尿布，及时更换衣物和床单，保持皮肤清洁。

(3)在骨隆突处等易受压部位使用减压辅料或涂抹皮肤保护剂，如凡士林、润肤霜等，以减少摩擦和损伤。

4. 营养支持

评估老年人的营养状况，可使用营养风险筛查 2002(NRS 2002)。筛查结果提示有营养不良风险时，宜结合临床情况制订个性化的营养计划，确保老年人摄入足够的蛋白质、维生素和矿物质，以促进伤口愈合和皮肤健康。

5. 伤口护理

对已经发生压疮的老年人，应根据压疮的分期和特点进行针对性的护理。应根据压疮分期选择合适的敷料，如透明敷料、水胶体敷料、泡沫敷料等，促进伤口愈合。若伤口感染，应在医护人员指导下进行护理处置。

6. 健康教育

(1)向老年人及其家属提供压疮的预防和护理知识，提高他们的自我护理能力，增强预防压疮的意识。

(2)使老年人掌握正确的翻身方法、皮肤护理技巧、使用减压装置的注意事项等。

(3)鼓励老年人积极参加康复训练，以提高活动能力和生活质量。

知识链接

Braden 压疮风险评估量表

Braden 压疮风险评估量表(表 2-1)通常用于评估患者发生压疮的风险程度。

(1)感知：对压力引起的不适的感受能力。

(2)潮湿：皮肤暴露于潮湿环境的程度。

(3)活动能力：身体活动的程度。

(4)移动能力：改变和控制身体姿势的能力。

（5）营养：日常饮食摄入状况。

（6）摩擦力和剪切力：身体与床面等之间的摩擦力及剪切力大小。

对每个方面根据不同情况赋予相应分值，总分值越低，发生压疮的风险越高。

表 2-1　Braden 压疮风险评估量表

项目	1分	2分	3分	4分
感知	完全受限	大部分受限	轻度受限	没有改变
潮湿	持久潮湿	经常潮湿	偶尔潮湿	很少潮湿
活动能力	卧床不起	局限于椅上	偶尔步行	经常步行
移动能力	完全受限	严重受限	轻度受限	不受限
营养	重度营养摄入不足	营养摄入不足	营养摄入适当	营养摄入良好
摩擦力和剪切力	有此诊断	有潜在诊断	无明显诊断	—

第三节　误吸风险

学习目标

1. 掌握老年人误吸的风险因素评估与干预建议。

2. 熟悉老年人认知与吞咽功能评估。

3. 了解老年人误吸的发生情境与后果。

误吸（aspiration）是指进食或非进食时在吞咽过程中有数量不一的液体或固体食物（甚至还可包括分泌物或血液等）进入声门以下气道的现象。

一、发生情境与后果

老年人误吸的发生情境与后果如下。

（一）发生情境

1. 进食过程中

（1）吞咽功能障碍：老年人的口腔、咽喉与食管等部位的组织结构发生退行性改变后，容易导致吞咽功能障碍，从而发生误吸。例如，患有帕金森病、脑血管疾病、阿尔茨海默病等神经系统疾病的老年人，常出现吞咽困难，导致食物或液体误入气管。

（2）进食速度过快：有些老年人进食速度较快，使得胃容量过大，容易导致反流，从而增加误吸的风险。

（3）食物性状不合适：食物过于坚硬、块大，或者过于稀薄，都可能使老年人在吞咽时发生困难，进而引起误吸。

（4）体位不当：持续的后仰位可增加食管反流；躺着进食会影响食物的正常吞咽路径，增加误吸的风险；医源性因素（如气管切开、气管插管与机械通气）是诱发误吸的高风险因素。

2. 饮水过程中

与进食类似，老年人在饮水过程中，如果有吞咽功能障碍、饮水速度过快、杯子出水口过大或者体位不当，都可能导致误吸。

3. 咳嗽反射减弱时

患慢性阻塞性肺疾病的老年人由于喘息、咳嗽、多痰，可增加误吸的风险。行气管切开、气管插管与机械通气的老年人，咳嗽反射减弱，当有分泌物或异物进入气道时，不能及时排出，从而增加误吸的风险。

4. 意识障碍时

老年人在昏迷、嗜睡、麻醉等意识障碍状态下，咳嗽反射和吞咽反射都会受到抑制，口腔和气道内的分泌物不能及时排出，容易发生误吸。

（二）后果

1. 呼吸道感染

误吸的食物、液体或分泌物进入气管和肺部后，会引起气道的炎症反应。这些异物为细菌的生长提供了良好的环境，容易导致肺部感染，出现发热、咳嗽、咳痰等表现。严重的肺部感染可能会引起呼吸衰竭，危及生命。

2. 窒息

如果误吸的物体较大或者堵塞了主要的气道，则可能会导致窒息。窒息是一种紧急情况，需要立即进行抢救，否则窒息者会在短时间内死亡。

3. 心理影响

经历过误吸事件的老年人可能会产生焦虑、恐惧等心理问题，从而产生对食物的抗拒心理。

二、老年人的认知与吞咽功能评估

（一）认知功能评估

1. 简易精神状况检查（MMSE）

该量表广泛应用于痴呆的筛查，主要检测定向力、记忆力、注意力与计算力、回忆、语言等方面，总分30分，得分越低，认知功能障碍越严重。

2. 日常生活活动能力评估

通过评估老年人的日常生活活动能力，如穿衣、进食、洗澡、如厕、行走等，可反映其认知功能。如果老年人在日常生活中出现明显困难，则可能提示其存在认知功能障碍。

（二）吞咽功能评估

1. 临床吞咽功能评估

（1）吞咽障碍简易筛查表：初步了解老年人是否存在吞咽障碍及吞咽障碍的程度，主要通过老年人或家属回答16个问题找出吞咽障碍的高危人群，决定是否需要做进一步检查。

（2）洼田饮水试验：取温开水 30 mL，嘱老年人喝下，测定从开始喝水至吞咽完的时间（以喉头运动为标准），测试 2 次，取最短时间。评分标准具体如下。1 级：5 s 内顺利地 1 次咽下，无呛咳。2 级：5～10 s 内，分 2 次以上咽下，无呛咳。3 级：能 1 次咽下，但有呛咳。4 级：分 2 次以下咽下，有呛咳。5 级：频繁呛咳，不能全部咽下。其中 ≥3 级为异常，此法能准确发现口咽的异常问题。

2. 仪器检查

（1）吞咽造影录像检查（VFSS）：在 X 线透视下，针对咽喉、食管的吞咽运动进行的特殊造影，可通过录像来动态记录所看到的影像，并进行定性分析和定量分析，判断是否存在吞咽障碍及吞咽障碍的程度和类型。

（2）软式喉内窥镜检查（FEES）：通过软管喉镜，在监视器直视下观察老年人自然状态下平静呼吸、用力呼吸、咳嗽、说话和食物吞咽过程中口腔、咽喉各结构的功能情况，了解进食时食团残留的位置和量，判断是否存在渗漏或误吸。

三、饮食结构、辅助器具等评估

（一）饮食结构评估

1. 食物质地

评估适合老年人的食物，如软食、半流质食物或流质食物。观察老年人对不同质地食物的吞咽情况，以及是否出现咳嗽、哽噎等表现。

2. 食物黏稠度

评估食物的黏稠度是否合适，过稀的食物容易引起误吸，可适当增加食物的黏稠度。测试老年人对不同黏稠度食物的吞咽能力，找到最适合老年人的食物黏稠度。

3. 食物营养成分

结合老年人的疾病状况和身体需求，调整饮食结构，尤其是蛋白质、维生素和矿物质的摄入，以提供足够的营养支持。

（二）辅助器具评估

1. 餐具选择

评估老年人使用的餐具是否合适，如勺子的大小、形状和深度是否便于老年人进食。选择带有特殊设计的餐具，如防漏勺、弯柄勺等，以方便老年人使用。

2. 喂食器具

对于无法自行进食的老年人，评估喂食器具的安全性和适用性。如喂食注射器、喂食泵等，确保食物能够缓慢、均匀地进入老年人口中；检查喂食器具的清洁度和卫生状况，防止感染。

3. 吞咽辅助器具

评估老年人是否需要使用吞咽辅助器具，如口腔运动训练器、吞咽训练杯等。指导老年人正确使用吞咽辅助器具，提高吞咽功能，降低误吸风险。

四、风险因素评估与干预建议

(一)风险因素评估

1. 筛查工具评估

使用筛查工具,如吞咽障碍简易筛查表、洼田饮水试验等,对老年人的认知与吞咽功能进行评估,为治疗和预后判断提高依据。

2. 临床评估

全面评估老年人的病史,如年龄、意识状态、口腔情况、吞咽功能、咳嗽反射等;评估老年人是否存在呼吸系统疾病、神经系统疾病、消化系统疾病等;评估床旁进食情况,气管插管或气管切开、鼻饲、服用镇静催眠药等可引起意识障碍和吞咽功能下降。

3. 仪器检查

可使用吞咽造影录像检查、软式喉内窥镜检查等准确评估患者的吞咽功能,并制订针对性措施,减少误吸的发生。

(二)干预建议

1. 饮食管理

调整饮食结构,选择易于吞咽的食物,如软食、半流质食物或糊状食物;控制食物的温度、速度和一口量,避免进食过快、过多;对于吞咽困难严重的老年人,可考虑鼻饲或胃肠造瘘。

2. 吞咽功能训练

对有吞咽功能障碍的老年人进行吞咽功能训练,如口腔感觉训练、口腔运动训练、吞咽反射刺激等。

3. 体位管理

进食时保持坐位或半卧位,床头抬高30°,鼻饲进食的老年人在鼻饲后应保持半卧位1 h,以防止食物反流。

4. 气道保护法

气道保护法 主要包括延长吞咽时间的门德尔松吞咽法、保护气管的声门上吞咽法等。门德尔松吞咽法:指示老年人吞咽,当咽处于最高阶段时,保持吞咽2~3 s,然后完成吞咽。保护气管的声门上吞咽法:该方法对声带闭合减退的老年人有帮助,即咀嚼—深吸一口气—屏住呼吸—吞咽—立即咳嗽—吞咽。

5. 针灸治疗

针刺作为我国的传统治疗方法,在吞咽障碍的治疗中应用较为广泛。

❋ 知识链接

老年人发生误吸后的紧急处理措施

一、快速判断

当发现老年人发生误吸时,应立即判断误吸的严重程度。当发生完全性梗阻时,老年人出现"三不"临床表现，即不能说话、不能咳嗽、不能呼吸。观察老年人的面色、呼吸情况、咳嗽力度等，判断气道堵塞的程度。

二、清理口腔

如果老年人意识清醒，可让其弯腰低头，用手拍打其背部，促使其咳出误吸的异物。同时，用手指或镊子等工具清理口腔内可见的异物，但要注意避免损伤口腔黏膜。

三、海姆立克急救法

（1）对意识清醒的老年人，使用立位腹部冲击法：施救者站在老年人背后，双足前后分开，前足距离老年人双足约一脚宽，后足足跟踮起，保持身体稳定。一手握拳，拇指侧顶住老年人腹部正中线肚脐上方两横指处、剑突下方，另一手抓住握拳的手，快速向内、向上冲击老年人的腹部，约1次/秒。重复冲击，直至异物排出或老年人恢复呼吸。

（2）对意识不清的老年人，使用卧位腹部冲击法：协助老年人仰卧，使其头部偏向一侧，施救者骑跨在老年人髋部两侧。一手掌根置于老年人腹部正中线肚脐上方两横指处、剑突下方，另一手重叠在手背上，快速向内、向上冲击老年人的腹部，约1次/秒。重复冲击，直至异物排出或专业急救人员到达。

四、保持呼吸道通畅

在进行急救的同时，要注意保持老年人呼吸道通畅。如果老年人出现呼吸困难、口唇发绀等严重情况，应立即拨打"120"，并在等待医护人员到来的过程中持续采取急救措施。

五、后续观察与处理

（1）即使异物排出，也应密切观察老年人的生命体征和身体状况，如呼吸、心率、血压、意识等。

（2）如果老年人出现咳嗽、咳痰、发热等症状，可能是发生了吸入性肺炎，应及时就医进行治疗。

（3）对发生误吸的老年人及其家属进行健康教育，告知误吸的风险和预防措施，避免再次发生误吸事件。

第四节　感染风险

学习目标

1. 掌握老年人感染的风险因素评估。

2. 熟悉老年人感染的干预建议。

3. 了解老年人常见的感染病原体。

一、老年人常见感染部位与病原体

（一）呼吸道感染

1. 感染部位

感染部位主要包括上呼吸道（如鼻腔、咽喉等）和下呼吸道（如气管、支气管、肺等）。

2. 病原体

（1）病毒：老年人免疫力下降，容易感染流感病毒、鼻病毒、呼吸道合胞病毒等，症状常较年轻人严重。

（2）细菌：如肺炎链球菌、流感嗜血杆菌、金黄色葡萄球菌等。肺炎链球菌是老年人社区获得性肺炎的常见病原体，可导致咳嗽、咳痰、发热等症状。

（3）支原体：支原体肺炎在老年人中也时有发生，临床表现主要为干咳、发热等。

（二）泌尿系统感染

1. 感染部位

感染部位主要是泌尿系统，包括尿道、输尿管、膀胱和肾脏等。

2. 病原体

（1）大肠埃希菌：为老年人泌尿系统感染最常见的病原体。由于老年人尿路结构和功能的改变，以及局部抵抗力下降，其泌尿系统容易受到大肠埃希菌的感染。

（2）变形杆菌、克雷伯杆菌等：这些细菌也可引起老年人泌尿系统感染，尤其是在长期留置导尿管或有尿路梗阻的情况下。

（3）真菌：如白念珠菌等，在长期使用抗生素、免疫力低下的老年人中可能发生真菌感染。

（三）胃肠道感染

1. 感染部位

感染部位主要是胃肠道，包括胃、小肠、大肠等。

2. 病原体

（1）细菌：如沙门菌、志贺菌、弯曲菌等。老年人饮食不洁或食用被污染的食物后，容易感染这些细菌，引起腹泻、腹痛、呕吐等表现。

（2）病毒：如轮状病毒、诺如病毒等，可导致病毒性胃肠炎，在老年人中也较为常见，尤其是在集体生活的老年人中容易传播。

二、免疫力低下与感染的关系

免疫力低下与感染有着密切的关系。

（一）免疫力低下可增加感染的风险

1. 免疫系统功能减弱

免疫力低下时，人体的免疫系统不能有效地识别和清除入侵的病原体，如细菌、病毒、真菌等。这使得病原体更容易在体内定植、繁殖，从而引发感染。

2. 屏障功能受损

正常情况下，人体的皮肤、黏膜等构成了第一道防线，可以阻挡病原体的入侵。但免疫力低下时，这些屏障的功能可能会减弱，例如当皮肤破损、黏膜变薄时，病原体更容易进入体内。

3. 免疫细胞活性降低

免疫力低下会导致免疫细胞（如白细胞、淋巴细胞等）的数量减少或活性降低。这些细胞在抵抗感染中起着关键作用，它们可以吞噬病原体，产生抗体等。当免疫细胞功能不足时，人体对感染的抵抗力就会下降。

(二)感染对免疫力低下的影响

1. 进一步削弱免疫系统

感染发生后，病原体在体内大量繁殖，会消耗人体的营养物质和免疫资源，进一步削弱免疫系统的功能。例如，感染可能导致发热、食欲不振等，使人体摄入的营养减少，影响免疫细胞的生成和活性。

2. 引发慢性炎症

持续的感染可能导致慢性炎症状态，长期的炎症反应会对免疫系统造成损害。慢性炎症还可能引发其他疾病，如心血管疾病、糖尿病等，这些疾病又会进一步影响免疫力。

3. 增加二次感染的风险

免疫力低下的人一旦发生感染，恢复时间可能较长，而且在感染未完全康复时，容易再次感染其他病原体。这是因为免疫系统在应对一次感染后尚未完全恢复，对新的病原体的抵抗力较弱。

三、风险因素评估

老年人感染风险因素评估可以从以下几个方面进行。

(一)生理因素

1. 年龄

随着年龄的增长，老年人的免疫系统功能逐渐衰退，使其对感染的抵抗力减弱。

2. 慢性疾病

患有慢性疾病（如糖尿病、心血管疾病、慢性阻塞性肺疾病、肾功能不全等）的老年人，免疫力低下，容易发生感染。例如，当患糖尿病的老年人血糖控制不佳时，容易出现皮肤感染、泌尿系统感染等；患有慢性阻塞性肺疾病的老年人，呼吸道防御功能下降，容易发生肺部感染。

3. 营养不良

老年人由于食欲减退，消化、吸收功能下降等原因，容易出现营养不良。营养不良会影响免疫系统的正常功能，使老年人对感染的抵抗力降低。

4. 口腔卫生不良

老年人牙齿松动、脱落，口腔清洁能力下降，容易滋生细菌，引发口腔感染。口腔感染如果不及时治疗，细菌可能会进入血液，引起全身感染。

(二)心理因素

1. 孤独感和抑郁情绪

老年人如果长期感到孤独、抑郁，会影响身体的免疫系统功能。孤独和抑郁会导致身体分泌一些激素，如皮质醇等，这些激素会抑制免疫系统的活性，增加感染的风险。

2. 认知功能下降

认知功能下降的老年人可能会忘记洗手、按时服药等，增加感染的风险。此外，认知功能下降的老年人可能无法正确表达自己的身体不适，导致感染不能及时被发现和治疗。

(三)生活方式因素

1. 缺乏运动

老年人如果缺乏运动，肌肉力量会下降，血液循环会减慢，免疫系统功能也会受到影响。缺乏运动还会导致肥胖、糖尿病等慢性疾病的发生，增加感染的风险。

2. 吸烟和饮酒

吸烟会损害呼吸道的防御功能，使老年人容易发生肺部感染。饮酒会影响老年人的肝脏功能，降低身体的免疫力。

3. 不注意个人卫生

老年人如果不注意个人卫生，如不勤洗手、不洗澡等，容易滋生细菌和病毒，增加感染的风险。

(四)环境因素

1. 居住环境

老年人的居住环境如果不卫生、通风不良，容易滋生细菌和病毒，增加感染的风险。如长期居住在潮湿、阴暗的环境中，容易发生霉菌感染；居住在人员密集的地方，容易发生呼吸道感染。

2. 医疗环境

老年人如果经常住院、接受侵入性治疗（如插管、手术等），容易发生医院内感染。医院内的细菌和病毒种类繁多、耐药性强，老年人免疫力低下，容易被感染。

(五)药物因素

1. 长期使用抗生素

老年人如果长期使用抗生素，会破坏身体内的正常菌群，导致菌群失调，增加感染的风险。此外，长期使用抗生素还会导致细菌产生耐药性，使治疗更加困难。

2. 免疫抑制剂

患有某些疾病的老年人需要使用免疫抑制剂，如器官移植患者、自身免疫性疾病患者等。免疫抑制剂会抑制免疫系统的功能，使老年人容易发生感染。

四、干预建议与日常监测

老年人感染的干预建议与日常监测如下。

(一)干预建议

1. 休息和运动

老年人要生活作息规律，每日保证充足的睡眠，适量运动，以提高机体抵抗力。

2. 日常防护

老年人应每日定时开窗通风；做好手卫生和咳嗽礼仪；外出佩戴口罩；减少参加聚集性活动。

3. 接种疫苗

老年人可接种疫苗，如流感疫苗、肺炎疫苗、带状疱疹疫苗等。

4. 均衡营养

老年人应保证摄入足够的蛋白质、维生素、矿物质等营养素。

5. 心理调节

老年人应科学、积极、理性地看待疾病，保持良好的心态，参加社交活动，丰富生活内容。

6. 居住条件改善

保持居住环境清洁，减少细菌和病毒的滋生；注意个人卫生：勤洗手，定期刷牙、漱口等。

(二)日常监测

1. 体温监测

每天测量体温，正常体温一般在 36 ~ 37 ℃。如果体温升高，可能是感染的早期信号。同时注意观察体温变化趋势，如持续高热不退，应及时就医。

2. 呼吸道症状监测

观察是否有咳嗽、咳痰、呼吸困难等症状。咳嗽的性质、频率，以及痰液的颜色、量等变化提示可能有呼吸道感染。

3. 消化系统症状监测

注意观察是否有腹痛、腹泻、恶心、呕吐等症状。消化系统症状可能是胃肠道感染或其他疾病的表现。

4. 泌尿系统症状监测

观察是否有尿频、尿急、尿痛、排尿困难等症状，这些症状可能提示有泌尿系统感染。

5. 精神状态监测

注意观察老年人的精神状态、意识水平、食欲等变化。感染可能会导致老年人精神萎靡、食欲不振等。

综上所述，老年人感染的风险因素较多，需要从多个方面进行预防和管理，包括保持良好的生活方式、加强营养、适当运动、改善居住条件、积极治疗慢性病等。同时，老年人也应定期进行体检，及时接种疫苗，提高自身免疫力，降低感染风险。

知识链接

老年人预防感染的营养建议

（1）保证蛋白质摄入：多食用瘦肉、鱼类、蛋类、豆类、奶制品等富含优质蛋白质的食物。

（2）增加新鲜蔬果摄入：以获取丰富的维生素、矿物质和膳食纤维。

（3）注意补充维生素 D：可适当晒太阳或通过食物、补充剂获取。

（4）保证充足的水分摄入：有助于维持身体的正常代谢和免疫功能。

（5）少食多餐：对于食欲不佳的老年人，可以采取少食多餐的方式，增加营养摄入。

第五节　心血管疾病、脑血管疾病风险

学习目标

1. 掌握心血管疾病、脑血管疾病的常见症状及前兆表现。
2. 熟悉心血管疾病、脑血管疾病与基础疾病的关联性分析。
3. 了解心血管疾病、脑血管疾病的风险因素评估与干预建议。

一、常见症状及前兆表现

（一）冠心病的常见症状及前兆表现

1. 心绞痛

（1）疼痛部位：疼痛可以发生在上颌部与上腹部之间的任何部位，或仅有胸骨后压迫感、窒息感等。有些患者的疼痛部位可能不典型，比如可以出现在上腹部，易被误认为是胃部疾病，也可能表现为牙痛、咽痛等，容易被漏诊。疼痛发作时间多在夜间，白天脑力、体力使用过度或受精神刺激的情况下也可发病。

（2）疼痛性质：由于痛觉不敏感，疼痛往往感觉较轻，30%～40%的老年冠心病患者无典型心绞痛发作，表现为恶心、呕吐、腹泻等。此外，如气促、疲倦、喉部发紧、左上肢酸胀、胃灼热等表现较多，少数老年心绞痛患者心前区有针刺样或压榨样疼痛，疼痛持续时间短则数分钟，长则 10 min 以上，且会有无症状心肌缺血的发生。

（3）体征：大多数老年心绞痛患者可无阳性体征。

（4）并发心律失常：出现快速心房颤动、室性心动过速、心室颤动、心动过缓等，可导致血流动力学障碍，影响血压、神志。

2. 急性心肌梗死（AMI）

半数以上老年 AMI 患者在发病前有乏力、胸痛不适，活动时有心悸、气急、烦躁、心绞痛等前驱症状。

（1）症状不典型：有典型临床症状的老年 AMI 患者不到 1/3，高龄老年人更少。胸痛轻微。伴有糖尿病的高龄老年人可无胸痛。有的老年人表现为牙、肩、腹等部位的疼痛，或出现胸闷、恶心、休克、意识障碍等。AMI 首发症状中，胸痛随年龄增长而减少，气促、意识障碍随年龄增长而增多。

（2）并发症多：老年 AMI 患者各种并发症的发生率明显高于中青年，其中室壁瘤的发生率是中青年的 2 倍。一些严重并发症（如心律失常、全身性血栓等）高发。70 岁以上的心肌梗死患者心脏破裂的发生率较中青年高 3 倍，水、电解质紊乱的发生率为 56.7%（中青年为 31.3%），院内感染的发生率为 20.4%（中青年为 5.7%）。

（3）全身症状：发热多发生于起病后 2~3 d，一般在 38 ℃左右，很少超过 39 ℃，持续 1 周左右。可伴有血沉增快、心动过速等，与坏死物质吸收有关。疼痛时常伴有频繁恶心、呕吐、上腹胀痛、食欲减退。消化道症状在下壁心肌梗死时较明显。

（4）其他：老年 AMI 病程长，长期慢性缺血有助于侧支循环的建立，因此老年 AMI 患者无 Q 波心肌梗死较多，且再梗死及梗死后心绞痛发生率高，易发生心肌梗死扩展。

（二）脑卒中的常见症状及前兆表现

1. 脑梗死

脑梗死的主要临床表现取决于梗死灶的大小、部位及受损区侧支循环等情况。老年人脑梗死的临床特点包括以下几点。

（1）脑血栓形成：约25%的老年人发病前有短暂的脑缺血发作史，多在睡眠或安静状态下起病。发病时一般神志清楚，局灶性神经系统损伤的表现多在数小时或 2~3 d 内达高峰，且因不同动脉阻塞表现各异，其中大脑中动脉闭塞最为常见，可出现典型的"三偏"症状，即对侧偏瘫、偏身感觉障碍、同向偏盲。若主干血管急性闭塞，可发生脑水肿和意识障碍；若病变在优势半球，常伴失语。

（2）脑栓塞：多无明显诱因及前驱症状，起病急骤是本病的主要特征，在数秒或很短时间内症状可达到高峰。意识障碍和癫痫发生率高，且神经系统的体征不典型，严重者可突然出现昏迷、全身抽搐、脑水肿，甚至发生脑疝而死亡。

（3）无症状性脑梗死：多发生于 65 岁以上人群中，无症状性脑梗死的发生率可达 28%。

（4）并发症多：老年人由于多病并存，心、肺、肾功能较差，常易出现各种并发症，如肺部感染、心力衰竭、肾衰竭、应激性溃疡等，使病情进一步加重。

2. 脑出血

因为老年人脑组织有不同程度的萎缩，脑神经细胞代偿能力也较差，所以出血发生时，其神经系统缺失表现更为严重，意识障碍更为突出，且不易恢复。患者常于情绪激动时或活动中突然发病，发病后常于数分钟至数小时达到高峰。

（1）神经功能缺损严重：老年人因为脑动脉硬化和脑组织萎缩，导致脑部供血不足。一旦脑出血可产生更严重的神经功能缺损，意识障碍多见，癫痫发作率高。据报道，老年人脑出血后 60%~80% 有意识障碍，约 50% 出现昏迷。

（2）局灶性定位表现：取决于出血量和出血部位，可有头痛、呕吐、失语、偏身感觉障碍等。

（3）并发症多：脑出血可引起下丘脑、边缘系统、血管调节中枢受累，同时作为应激反应可使交感神经刺激强化，导致老年人心血管功能紊乱进一步加重，在急性期常出现心肌梗死、心律失常等表现。另外，脑出血可影响内分泌和凝血功能，出现糖尿病非酮症高渗性昏迷、血栓性静脉炎、应激性溃疡等并发症。

二、与基础疾病的关联性分析

（一）高血脂

现如今，随着人们生活水平的不断改善，吃得越来越好，慢性疾病的发病率也越来越高。其中，高血脂就是一种典型的"富贵病"。血脂水平升高可以导致血脂在血管的管腔内沉积，加速动脉粥样硬化，进而引起高血压、冠心病等疾病。除此之外，高血脂还会导致血脂形成，而血脂易对血管造成堵塞，进而引起局部供血不足，最终诱发心血管疾病、脑血管疾病。

（二）高血糖

据报道，糖尿病患者动脉硬化的发生率是正常人的 10 倍，并且发生年龄早，病程进展快。病变主要位于脑动脉、冠状动脉和下肢动脉。发生动脉硬化后，动脉弹性减弱，动脉内膜粗糙，易造成血小板在动脉壁上附着，进而导致心血管疾病、脑血管疾病的发生。

（三）高血压

血压的变化对于血管功能具有较大影响，如果血压出现突发性升高，会导致心血管、脑血管出现一定程度的破裂风险，同时在高血压其他常见并发症（包括糖尿病、高脂血症）等因素的综合作用下，能够导致血栓形成，最终诱发心血管、脑血管堵塞。因此，对于患高血压的老年人来说，血压不稳定、基础并发症较多，最容易出现心血管疾病、脑血管疾病。

三、风险因素评估与干预建议

这里以心血管疾病的风险因素评估与干预建议为例进行说明。

（一）心血管疾病的风险因素评估

风险因素评估是心血管病一级预防决策的基础。风险因素评估应在启动干预措施之前进行，依据风险因素评估和危险分层采取不同强度的干预措施是风险因素防控的核心策略。

1. 检出直接列为高危的个体

将糖尿病（≥40 岁）/低密度脂蛋白胆固醇（LDL－C）≥4.9 mmol/L［或总胆固醇（TC）≥7.2 mmol/L］/慢性肾脏病（CKD）3/4 期的患者直接列为心血管疾病高危人群，无须进行 10 年发病风险和余生风险评估。

2. 评估 10 年发病风险

对不符合直接列为高危条件的个体，建议按流程分别评估动脉粥样硬化性心血管病（ASCVD）和总心血管病的 10 年发病风险。10 年 ASCVD 风险评估沿用《中国血脂异常防治指南（2016 年修订版）》的方案。该方案将 LDL－C 或 TC 水平和高血压作为危险分层的重要参数，同时结合吸烟、高密度脂蛋白胆固醇（HDL－C）及年龄 ≥45/55 岁

（男性/女性）3 个 ASCVD 危险因素的个数分成 21 种组合，并按照不同组合的 10 年 AS-CVD 发病平均风险按 <5%、5% ~9% 和 ≥10% 分别定义为低危、中危和高危。10 年 ASCVD 风险分层主要用于指导调脂、降糖治疗及阿司匹林的使用，而在决定降压治疗策略时，还需考虑包括 ASCVD 和出血性卒中在内的总心血管病风险。血压为正常高值 [（130 ~139）/（85 ~ 89）mmHg] 且合并吸烟、低 HDL - C 及年龄 ≥45/55 岁（男性/女性）3 个危险因素，高血压 1 级合并上述危险因素中的 2 个，或高血压 2 级合并上述危险因素中的 1 个时，总心血管病的 10 年发病风险 ≥10%，为高危。其他情况下总心血管病风险分层与 ASCVD 的风险分层一致。

3. 评估余生风险

余生风险又称终生风险，指被观察个体在其平均期望寿命内发生目标事件的绝对累积风险。具有以下任意 2 个或 2 个以上危险因素者心血管病余生风险为高危：①收缩压 ≥160 mmHg 或舒张压 ≥100 mmHg；②非 HDL - C ≥5.2 mmol/L（200 mg/dL）；③HDL - C <1.0 mmol/L（40 mg/dL）；④体重指数（BMI）≥28 kg/m²；⑤吸烟。

中国成年人心血管疾病及预防风险流程见图 2 - 9。

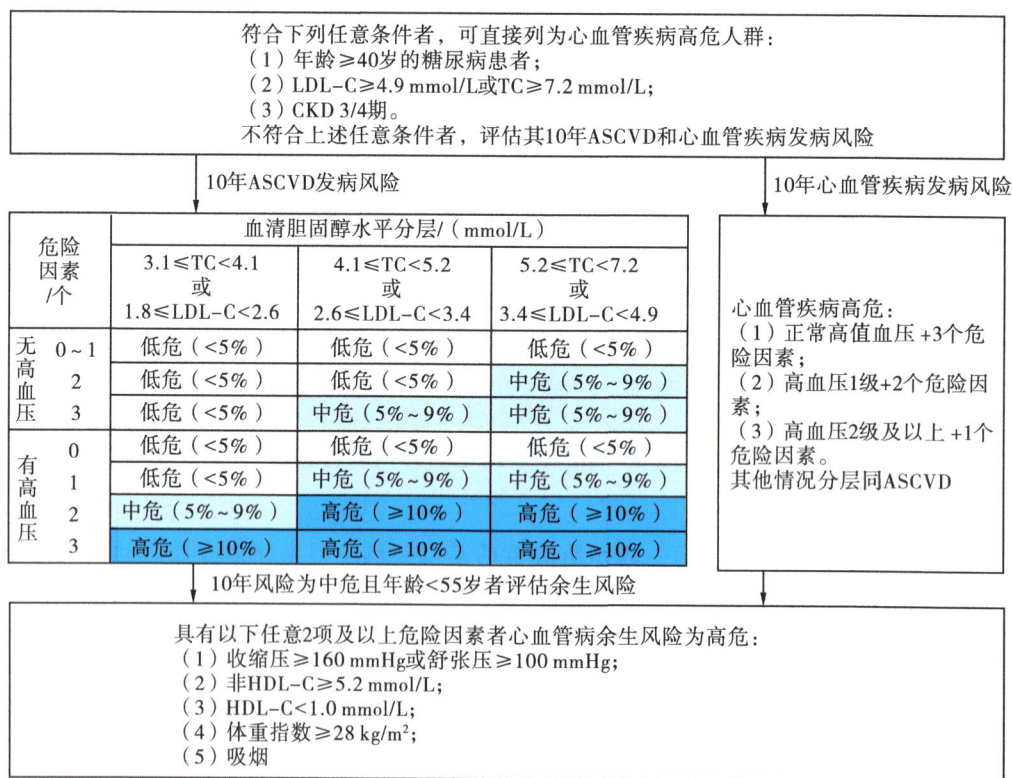

符合下列任意条件者，可直接列为心血管疾病高危人群：
（1）年龄 ≥40 岁的糖尿病患者；
（2）LDL–C ≥4.9 mmol/L 或 TC ≥7.2 mmol/L；
（3）CKD 3/4 期。
不符合上述任意条件者，评估其 10 年 ASCVD 和心血管疾病发病风险

10 年 ASCVD 发病风险　　　　　10 年心血管疾病发病风险

危险因素/个		血清胆固醇水平分层/（mmol/L）		
		3.1≤TC<4.1 或 1.8≤LDL–C<2.6	4.1≤TC<5.2 或 2.6≤LDL–C<3.4	5.2≤TC<7.2 或 3.4≤LDL–C<4.9
无高血压	0~1	低危（<5%）	低危（<5%）	低危（<5%）
	2	低危（<5%）	低危（<5%）	中危（5%~9%）
	3	低危（<5%）	中危（5%~9%）	中危（5%~9%）
有高血压	0	低危（<5%）	低危（<5%）	低危（<5%）
	1	低危（<5%）	中危（5%~9%）	中危（5%~9%）
	2	中危（5%~9%）	高危（≥10%）	高危（≥10%）
	3	高危（≥10%）	高危（≥10%）	高危（≥10%）

心血管疾病高危：
（1）正常高值血压 +3 个危险因素；
（2）高血压 1 级 +2 个危险因素；
（3）高血压 2 级及以上 +1 个危险因素。
其他情况分层同 ASCVD

10 年风险为中危且年龄 <55 岁者评估余生风险

具有以下任意 2 项及以上危险因素者心血管病余生风险为高危：
（1）收缩压 ≥160 mmHg 或舒张压 ≥100 mmHg；
（2）非 HDL–C ≥5.2 mmol/L；
（3）HDL–C <1.0 mmol/L；
（4）体重指数 ≥28 kg/m²；
（5）吸烟

图 2 - 9　中国成年人心血管疾病及预防风险流程

注：危险因素包括吸烟、低 HDL - C 及年龄 >45/55 岁（男性/女性）；

危险因素的水平均为干预前水平；1 mmHg = 0.133 kPa。

需要指出的是，上述危险分层仅考虑了主要伴随疾病的状态和危险因素，而在临床实践中每位患者的实际情况可能更为复杂，医患双方往往需要针对风险充分讨论。

例如，对风险评估为中危的人群，是否启动他汀类药物治疗有时难以确定。此外，考虑一级预防时是否使用阿司匹林，仅依据 ASCVD10 年风险≥10% 尚不足以识别获益显著大于风险的人群。上述情况下可考虑结合心血管疾病风险增强因素（表 2 - 2），在充分考虑患者意愿的前提下进一步确定是否启动干预措施。

表 2 - 2 心血管疾病风险增强因素

项目	内容
靶器官损害	冠状动脉钙化积分 >100 AU
	超声示颈动脉内膜中层厚度 >0.9 mm 或存在颈动脉粥样斑块
	踝/臂血压指数 <0.9
	左心室肥厚：心电图 Sokolow - Lyon 电压 >3.8 mV，或 Cornell 乘积 >244 mV·ms，或超声心动图示左心室质量指数 >115/95 g/m^2（男性/女性），或室间隔厚度 >11 mm
血清生物标志物	非 HDL - C >4.9 mmol/L（190 mg/dL）
	载脂蛋白 B >130 mg/dL
	脂蛋白 a >125 nmol 或 50 mg/dL
	甘油三酯 >2.3 mmol/L（200 mg/dL）
	高敏 C 反应蛋白 >2.0 mg/L
其他因素	早发心血管疾病家族史［发病年龄 <55/65 岁（男性/女性）］等

对 10 年风险为高危的老年人，应积极进行干预，通常需在生活方式干预的基础上启动药物治疗。对 10 年风险为低危的老年人，建议保持健康的生活方式，定期进行危险因素筛查。对 10 年风险为中危的老年人，预防干预的利弊不明确，是否需启动药物治疗有时难以决断。风险评估为中危，即传统危险因素某种组合下的平均预测风险处于 5% ~10%，而实际情况下各种危险因素水平的高低及合并的其他因素可能使个体风险高于或低于预测水平。除传统心血管疾病危险因素外，大量研究发现还有很多靶器官损害的指标、血清生物标志物及心血管病家族史、风湿性关节炎等因素与心血管疾病密切相关。当 10 年风险评估为中危的老年人难以权衡治疗的风险与获益时，建议考虑结合上述风险增强因素确定是否启动干预措施，所具有的风险增强因素越多，越倾向于高危，反之亦然。值得注意的是，冠脉钙化（CAC）积分为 0 时，绝大多数患者10 年 ASCVD 风险 <5%，可暂不考虑药物干预。

（二）干预建议

1. 生活方式干预

建议老年人在饮食中增加新鲜蔬菜、全谷物、粗杂粮等的摄入，减少饱和脂肪酸摄入，减少烹饪、调味品用盐，控制胆固醇、碳水化合物摄入，避免摄入反式脂肪等，这样有助于逆转或减轻肥胖、高胆固醇血症、糖尿病和高血压，以及预防心血管疾病。

2. 身体活动

建议老年人每周进行至少 150 min 中等强度身体活动或 75 min 高强度身体活动。

因疾病或身体状态等无法达到上述推荐活动量的老年人，可以进行低于推荐量的中等或高强度身体活动。尽量减少静态的生活方式有助于降低老年人患心血管疾病的风险。

3. 控制体重

建议超重和肥胖老年人采用限制热量摄入、增加身体活动等综合管理措施减轻并维持体重。

4. 戒烟

建议老年人戒烟并避免二手烟的吸入。

5. 控制酒精摄入

建议老年人避免饮酒。

6. 保持良好睡眠

老年人保持良好睡眠对身心健康至关重要。

7. 保持良好的心理状态

老年人保持良好的心理状态，是维持身心健康的关键。

知识链接

老年糖尿病动脉粥样硬化性心血管疾病及危险因素管理

2 型糖尿病患者心血管疾病风险是非糖尿病患者的 2 倍以上，ASCVD 也是 2 型糖尿病患者主要的致残和致死原因。除了年龄本身，吸烟、肥胖、超重、高血压、血脂异常等均为老年糖尿病患者发生 ASCVD 的重要危险因素。多重危险因素的综合控制可显著改善糖尿病患者心血管病变和死亡发生的风险。

危险因素管理：①筛查与评估监测血压，每年系统评估 ASCVD 的危险因素。②高血压：收缩压控制目标为 140 mmHg 以下，合并 ASCVD 的患者，若能够耐受，则收缩压控制在 130 mmHg 以下，健康状态差的患者可适当放宽至 150 mmHg 以下。降压药物首选血管紧张素转换酶抑制剂或血管紧张素 Ⅱ 受体阻滞剂类。③血脂异常：应用他汀类药物将 LDL - C 控制在 2.6 mmol/L 以下，如合并 ASCVD，LDL - C 应控制在 1.8 mmol/L 以下，健康状态差的患者可适当放宽控制目标。④不建议常规应用阿司匹林进行一级预防，建议低剂量(75～150 mg/d)阿司匹林用于二级预防。鼓励积极戒烟。⑤体重管理，关注腰围、肌肉含量，综合评价体重、身体成分后制订体重管理策略。

第六节 用药风险

学习目标

1. 掌握老年人服用多种药物的原因及不良反应。

2. 熟悉高风险药物的警示。

3. 了解用药风险因素评估与干预建议。

一、老年人服用多种药物的原因

（一）多病共存

随着年龄的增长，老年人容易患上多种慢性疾病。这些疾病需要不同的药物进行治疗，因此老年人往往需要服用多种药物。

（二）多科就诊

老年人可能因不同的健康问题去多家医院和多个科室就诊，由不同的医生开具不同的药物，导致多重用药或错误用药。

（三）自行购买药物

老年人可能因视力、听力及认知功能障碍，自行购买非处方药或保健品，并擅自调整药物，增加了多重用药的风险。

（四）药物相互作用

老年人的药物代谢和排泄功能下降，容易发生药物相互作用，导致不良反应和药物中毒。

这些因素共同作用，使得老年人常常面临用药风险。因此，合理使用药物，避免不必要的药物相互作用和不良反应，对于保障老年人的健康至关重要。

二、药物的不良反应

（一）精神症状

中枢神经系统（尤其大脑）最易受药物作用的影响。老年人中枢神经系统对某些药物的敏感性增高，可导致神经系统的毒性反应，如噻嗪类、洋地黄、降压药和吲哚美辛等可引起老年期抑郁症；中枢抗胆碱药苯海索，可导致精神错乱；阿尔茨海默病患者使用中枢抗胆碱药、左旋多巴或金刚烷胺，可加重相关症状；长期服用咖啡因、氨茶碱等可导致精神不安、焦虑或失眠；长期服巴比妥类镇静催眠药可导致惊厥，产生身体及精神依赖性，停药后会出现戒断症状。

（二）直立性低血压

老年人血管运动中枢的调节能力降低，即使没有药物的影响也会因为体位改变而易发生直立性低血压。因此，在使用降压药、三环类抗抑郁药、利尿药、血管扩张药时要特别注意。

（三）耳毒性

老年人由于内耳毛细胞数量减少，听力下降，易受药物影响导致前庭损害和耳蜗损害。前庭损害的主要症状有眩晕、头痛、恶心和共济失调；耳蜗损害的主要症状有耳鸣、耳聋、听力下降等。由于毛细胞损害后难以再生，因而可产生永久性耳聋。老年人应用氨基糖苷类抗生素和多黏菌素可导致听神经损害。使用此类药物时，应考虑减量或更换其他可替代药物。

（四）尿潴留

三环类抗抑郁药和抗帕金森病药物有副交感神经阻滞作用，老年人使用这类药物后可引起尿潴留，特别是伴有前列腺增生及膀胱颈纤维病变时。因此，在使用此类药物时，宜从小剂量开始，逐渐加量。患有前列腺增生的老年人，使用呋塞米、依他尼酸等强效利尿药也可引起尿潴留，使用时要加以注意。

（五）药物中毒

老年人生理功能减退，60岁以上老年人肾脏排泄毒物的功能比25岁时下降20%，70～80岁时下降40%～50%。60岁以上老年人肝脏血流量比年轻时下降40%，解毒功能也相应下降。老年人可出现心功能减退、心排血量减少、窦房结内起搏细胞数目减少、心脏传导系统障碍等，因此用药后容易产生肝脏毒性反应、肾脏毒性反应及心脏毒性反应等。

三、高风险药物的警示

（一）布洛芬：有肝、肾损伤风险，忌用量超标

老年人偶尔有头痛脑热，在所难免。这时，布洛芬、双氯芬酸钠、对乙酰氨基酚等具有解热、镇痛功能的药物是最常用的。尤其是布洛芬，在老百姓心中，几乎已成了解热、镇痛的代名词。老年人体内代谢较慢，一般服用剂量应为正常剂量的一半，超量服用很有可能会导致肝、肾损伤。另外，布洛芬还可引起消化道出血或溃疡等不良反应，主要表现为恶心、呕吐、胃痛、便血等。如果饭后再服用布洛芬，则能够较好地规避此种风险。如果老年人本身就有胃肠道疾病，则更应该引起注意。

（二）胰岛素：切忌自行加量，警惕低血糖

很多老年人早上醒来测量血糖，发现空腹血糖较高，便误以为是前一天胰岛素注射的剂量不够，没能有效控制血糖，于是擅自增大了胰岛素注射的剂量。其实出现这种情况，除了降糖药物使用剂量不足之外，还有可能是由老年人夜间血糖过低，擅自加大剂量所致。如果老年人夜间血糖过低，在低血糖的刺激之下，体内的胰高血糖素、肾上腺素、皮质激素和生长激素等对胰岛素有拮抗作用的激素分泌增多，而老年人体内又不能相应地增加胰岛素分泌量，以对抗这些升糖激素的作用，从而使血糖逐渐升高而导致清晨空腹高血糖。此时，如果再加大胰岛素注射剂量，则会使这种情况更加严重。对于老年人来说，低血糖大多发生在夜间，如情况比较严重，则很有可能会猝死。因此，对于老年糖尿病患者来说，应在医生指导下严格调节胰岛素剂量。

（三）地高辛：心脏病用药，提防心律失常

作为临床主要用于治疗心力衰竭、伴有快速心室率的心房颤动的心功能不全等的处方药，地高辛的优势在于其亲民的价格，然而它治疗窗窄，有效剂量和中毒剂量很接近，使用时应留意用法、用量，并及时进行血药浓度监测。地高辛是一种强心剂，能有效增强心肌收缩力，减慢心率，但若出现较严重的药物不良反应，则会导致患者心律失常；此外，该药还能引起中枢神经系统的不良反应，导致视觉改变，如黄视（看什么都是黄色的）、绿视（看什么都是绿色的），这很有可能是地高辛中毒的信号。服药

期间，老年人还可能出现食欲减退、恶心、呕吐、腹泻等胃肠道反应，或眩晕、头痛等神经系统不良反应。使用地高辛时要注意以下几点：首先，应从小剂量开始，不要一开始就足量，70 岁以上的老年人用药剂量应为成人剂量的 2/3 或 3/4；其次，要注意个体差异，有的人吃 1 片作用就很明显了，有的人却不行；最后，由于不同厂家不同批号药物的生物利用度不甚相同，因而换药时一定要严密观察疗效及不良反应的变化。

（四）硝苯地平：低血压症状难分辨

硝苯地平是治疗高血压的常用药，由于其对各类高血压均有疗效，因而与其他药品相比有很多优势。然而，治疗高血压的药物也会导致低血压危险，老年高血压患者会感觉比高血压还难受，但是在症状上和高血压类似，一般都会有头晕的表现，最好的办法是做好自我血压监测。一般每天需要测量 3 次，如果有困难，起码晨起和晚上必须各测量 1 次。有的老年高血压患者用此药后会有便秘的表现，可通过饮食控制、多喝水、多运动来调节。如确实不耐受，应联系医生及时换药。

（五）氨苯那敏：代谢时间长，老年人服用剂量应减半

除了抗过敏效果外，氨苯那敏同时还具有镇静作用。因此，其潜在风险主要体现在神经系统的不良反应上，如镇静时间延长、嗜睡，甚至意识不清、谵妄等。这就有可能会让老年人感到头昏、视物模糊。因此，如果不是因为感冒而睡不着觉，老年人尽量不要吃含有这种成分的感冒药物。除此之外，氨苯那敏本身的代谢时间比较长，而老年人由于身体机能的退化，药物在体内代谢及排泄时间长，在老年人身上体现得更为明显，无形之中增加了老年人的肾脏、肝脏负担。因此，老年患者应尤其注意氨苯那敏的使用剂量。

（六）地西泮：易有依赖性，半夜起夜要小心

地西泮又称安定，有镇静、催眠作用。有的老年人半夜起夜时，地西泮的药效还存在，起床后会有头晕表现，在这种迷糊的状态下就容易摔倒，甚至导致骨折。因此，用地西泮治疗失眠的老年人，起床时要特别小心。地西泮还会让人产生依赖性：一是身体的依赖，如有的老年人以前只需要吃 1 片，后来可能要 5 片才能起作用；二是精神上的依赖，有的老年人觉得自己睡觉就要靠它，有时候自己能睡着了也要服用。为了让地西泮起到最好的疗效，最好是在睡前半小时服用。不要在马上要睡下时才想起来服用，吃完药后应适当多喝点水并走动走动，这样能让药物直接进入胃内被吸收，而不是停留在食道中。此外，长期服用地西泮时不能突然停止使用，而应逐渐减量。

（七）万古霉素：应在医生指导下使用

万古霉素临床上已经使用了 50 多年，相对来说比较成熟与安全，主要用于治疗革兰氏阳性球菌感染，尤其对金黄色葡萄球菌有很好的作用。但万古霉素有可能引发肝损伤、肾损伤或是一些过敏样反应。例如，万古霉素如果注射过快，患者就容易出现全身性过敏反应（如红人综合征）。因此，应尽量在医生在场的情况下使用万古霉素。

（八）克林霉素：老年人慎用，必要时可用头孢代替

在使用克林霉素时，其常见的不良反应包括过敏性休克、过敏样反应、高热、寒战、喉头水肿、呼吸困难等，严重时还会造成肾衰竭或耳功能损害。因此，老年人在

就医过程中应将自己的病史、身体情况向医生表述清楚，如有必要，可以采用头孢类药物进行抗感染治疗。

（九）山莨菪碱：掩盖症状，长期使用有风险

由于山莨菪碱能够解除平滑肌痉挛，因而在胃肠绞痛时常常被使用。此外，山莨菪碱还用于脑血栓形成等的治疗。这种药物老年人要谨慎使用，尤其是前列腺肥大的老年男性。由于此种药物主要作用于平滑肌，因而前列腺肥大的老年男性使用后容易出现前列腺充血，甚至引发尿潴留。这是一种适用于对症治疗的药物，能够缓解症状，但无法根治疾病。正因为如此，它同布洛芬一样，也会掩盖疼痛真正的病因，需要慎用，同时应避免长期使用。

（十）华法林：治疗窗窄，应慎重选择剂量

对于患有心血管疾病、脑血管疾病的老年人来说，华法林应该是再熟悉不过的一种药物了。作为常用的口服抗凝药物，华法林常用于预防和治疗血栓栓塞性疾病，因口服有效、作用时间长而受到欢迎。但是，服用华法林的潜在出血风险应引起老年人的注意。华法林的一个缺点是治疗窗窄。所谓的治疗窗窄，指的是药物有效浓度与中毒浓度之间的距离很小，用少了没有作用，但稍微多一些可能就会发生不良反应。因此，使用华法林时对剂量的把握非常重要。华法林有很多不良反应，其中一种不良反应是口干，这主要是由药物抑制了唾液腺的分泌所致。遇到这种情况时，可以通过多饮水来缓解症状。此外，华法林还有一些不良反应，如面红、轻度扩瞳、视近物模糊等，发生这些不良反应时，不要过度担心，它们一般会在停药 $1 \sim 3 \, h$ 后渐渐消失。

四、风险因素评估与干预建议

（一）风险因素评估

1. 风险因素评估的内容

在评估时，尤其应注意到老年人发生可避免的药物不良事件的可能性。年老体弱、药物使用种类增多等因素使患者发生药物不良事件的风险增加。相关研究表明，在养老院内，药物不良事件的发生率较高，每 100 个住院患者中会有 10 例药物不良事件，而其中半数以上是可避免的。28% 的老年人因药物相关问题住院治疗，这些老年人中70% 存在药物不良事件。随着非处方药的大量使用，如某些中草药、保健品等也应成为老年人用药评估的重要内容。

2. 老年人发生 ADE 的高危因素

具体包括：①服用多种药物或有不恰当的自我治疗史；②认知障碍或文盲；③身体原因，如耳聋、关节炎或双手无力；④既往服药依从性差；⑤缺乏药物相关知识，缺乏支持系统；⑥因经济困难而家中存放过期药物或借用他人药物等。

（二）干预建议

1. 加强老年人用药解释工作

养老护理员要以老年人能够接受的方式，向其解释药物的种类、名称、用药方式、剂量、作用、不良反应和期限等，必要时，可以书面的形式，用醒目的颜色标明用药

注意事项。此外，养老护理员要反复强调正确用药的方法和意义。

2. 提升老年人的安全用药意识

具体措施：①鼓励老年人尽可能使用非药物途径改善机体症状，通过各种可能的途径阅读药物的相关文献；②认识到老年人虽然服用同种药物，但其剂量可能不同；③未经医生允许，禁止服用任何新药物。

3. 提醒老年人定期向养老护理员汇报身体情况

具体措施：①提醒老年人定期与养老护理员检查药物的剂量，确认是否需要减少药物剂量；②尽可能减少用药种类，与养老护理员讨论症状的改善情况，确定是否可以减少药物种类；③认识到经常使用且从未出现任何问题的药物也可能发生不良反应，要向养老护理员及时报告自身症状。

4. 指导老年人不随意购买及服用药物

一般健康老年人不需要服用补药、保健品、抗衰老药，只要调节好日常饮食、注意营养均衡、保持积极心态，就可以达到保持健康的目的。

5. 加强照顾者的安全用药教育

对老年人进行健康指导的同时，还要重视对其照顾者进行有关安全用药知识的教育，使他们学会正确协助和督促老年人用药，防止发生用药不当导致的意外。

🎇 知识链接

药物不良反应和药物不良事件的区别

根据世界卫生组织的定义，药物不良反应 ADR 是指正常剂量的药物在预防、诊断、治疗疾病或调节人体生理功能的过程中所发生的任何与作用目的无关的有害反应。ADR 排除了那些因药物治疗错误而造成损伤的事件。而药物不良事件（ADE）指药物治疗中所发生的任何不幸事件，但这种事件不一定与药物治疗有因果关系，其范围更广。ADE 既包括可预防的事件，即由于药物的性状本身所造成的 ADR，又包括不可预防的事件，即人为因素造成的用药错误。

第七节　营养不良风险

✒ 学习目标

1. 掌握老年人营养不良的常见表现。
2. 熟悉老年人营养不良的识别方法与评估。
3. 了解老年人营养不良的预防措施。

一、老年人营养不良的常见表现

营养不良会造成贫血、低蛋白血症、肌少症等情况，可出现以下临床表现。

(一)全身水肿

水肿以骶尾部和背部皮肤最为明显，而且多为凹陷性，皮肤发亮、弹性差、容易破溃，严重者还可造成胸、腹腔等积液。

(二)皮肤、黏膜苍白

皮肤、黏膜苍白在营养不良老年人身上较为常见，其中以睑结膜苍白最为明显。

(三)消化系统症状

营养不良老年人可出现消化和吸收障碍，伴有食欲不振，进食后易出现恶心、呕吐、腹胀等情况。

(四)其他症状

营养不良的其他症状如肌肉萎缩、皮下脂肪变薄、舟状腹、骨性标志突出、体重下降、毛发稀疏脱落、精神萎靡不振、睡眠质量差、认知功能下降、反应迟钝等。

二、老年人营养不良的识别方法与评估

(一)识别方法

定期评估营养不良程度及其对老年人的影响。如定期测量体重（每半个月 1 次）；根据医嘱定期测定血清白蛋白量等。《中国老年病人肠外肠内营养应用指南（2020）》推荐使用 2001 年鲁宾斯坦（Rubenstein）等学者改良的微型营养评定简表（MNA - SF）（表 2 - 3）进行常规营养不良筛查，该量表可正确有效且快速地筛查营养不良的高危老年患者。

表 2 - 3　微型营养评定简表

筛查项目	得分
A. 过去 3 个月内有没有因食欲减退、消化问题、咀嚼或吞咽困难而减少食量？ □0 = 食量严重减少　□1 = 食量中度减少　□2 = 食量没有改变	
B. 过去 3 个月内体重下降的情况： □0 = 体重下降大于 3 kg　□1 = 不清楚　□2 = 体重下降 1 ~ 3 kg　□3 = 体重没有下降	
C. 活动能力： □0 = 需长期卧床或坐轮椅　□1 = 可以下床或离开轮椅，但不能外出　□2 = 可以外出	
D. 过去 3 个月内有没有受到心理创伤或患上急性疾病？ □0 = 有　□1 = 没有	
E. 精神心理问题： □0 = 严重痴呆或抑郁　□1 = 轻度痴呆　□2 = 没有精神心理问题	
F1. BMI（kg/m²） □0 = BMI < 19　□1 = 19≤BMI < 21　□2 = 21≤BMI < 23　□3 = BMI≥23 F2. 如不能取得 BMI，请以问题 F2 代替 F1，请不要回答 F1 小腿围（CC）（cm） □0 = CC < 31　□3 = CC≥31	

注：总分 14 分。12 ~ 14 分，正常营养状态；8 ~ 11 分，有营养不良风险；0 ~ 7 分，营养不良。

(二)评估

1. 营养不良的评估

(1)体格检查:营养不良等级评估包括人体测量指标(如身高、体重、小腿围、肱三头肌皮褶厚度、上臂肌围等)和能力测量指标(如握力,6 m 步行时长等)。BMI 是目前国内外常用的衡量人体胖瘦的指标,按照中国营养学会的标准,BMI 在 17 ~ 18.4 kg/m² 为轻度消瘦,BMI 在 16 ~ 16.9 kg/m² 为中度消瘦,BMI < 16 kg/m² 为重度消瘦。

(2)实验室检查 血清白蛋白可反映机体内脏蛋白质的储存情况,是营养状况检查常用的血生化指标之一。血清白蛋白在 2.9 ~ 3.5 g/L 为轻度营养不良,血清白蛋白在 2.1 ~ 2.8 g/L 为中度营养不良,血清白蛋白 < 2.1 g/L 为重度营养不良。

(3)膳食情况评估:询问老年人近 3 d 摄入食物的种类、数量及相互比例是否适宜;注意评估老年人的食欲、用餐时间、用餐频次、进食方式等;评估老年人的饮食嗜好、饮食习惯;评估老年人营养不良的原因。

2. 生理性因素的评估

(1)多感官功能减退:老年人味蕾数量减少,味觉功能下降,多伴有嗅觉功能低下,不能或很难闻到食物的香味,可影响食欲;老年人的视力、听力下降,可影响老年人的沟通表达和食物摄取。

(2)口腔问题:老年人常存在牙齿缺失、牙周疾病、口腔疾病及清洁程度低下、咀嚼肌群肌力低下、义齿不合适等口腔问题,可影响咀嚼、吞咽功能,导致进食量不足。

(3)消化系统功能减退:老年人唾液分泌减少、胆汁酸合成减少、胰酶活性降低、肠道肌肉收缩能力降低,可影响食物的消化、吸收。

(4)形体变化:老年人动作迟缓、步态不稳、自理能力下降及活动耐力下降,可因采购或烹饪食物困难导致营养缺乏。

3. 精神心理因素的评估

(1)老年人由于各种慢性病的困扰及各种功能的退行性改变,加之独居、丧偶等使人际交往明显减少,易产生消极、焦虑,悲观、抑郁、恐惧等负性情绪,进而导致食欲减退、进食量减少,造成营养不良。

(2)老年人面临应激性事件,易出现肌肉紧张、胃肠道功能失调,使代谢增多、消耗增加,又会导致食欲减退。

(3)老年人出现渐进式语言、记忆力障碍,导致认知功能下降,无法清楚表达自己的意见,如自己是否饥饿、口渴等,导致进食量不能满足机体需求。

4. 疾病情况的评估

(1)老年人由于各脏器功能衰退,因而各种慢性病的发生率升高。如患糖尿病可影响维生素和矿物质的吸收,患关节炎或帕金森病可影响进食行为,患食管念珠菌感染和脑卒中后可引起吞咽困难和营养吸收障碍,患萎缩性胃炎后常伴随着 B 族维生素、钙和铁等的吸收障碍,老年肿瘤患者放、化疗后会引发厌食,严重时甚至会造成营养耗竭。

(2)急性疾病/住院相关因素,如医源性禁食、营养支持不足或不及时等,均可导致营养不良。

5. 药物因素的评估

老年人常患有多种慢性病，服药机会相对较多。药物的相互作用及不良反应可直接影响食欲及食物的吸收和利用。如排钾利尿药、地高辛，秋水仙碱、奎尼丁、肼屈嗪、维生素 A 等可引起食欲减退；抗生素、茶碱、阿司匹林等可引起恶心；阿米替林，丙米嗪等可造成口干、便秘；甲状腺素制剂等可增加能量代谢等。

三、预防措施

老年人的营养需求与年轻人不同，他们需要更多的蛋白质和能量摄入，以满足机体的需要，维持正常的生理功能。欧洲临床营养与代谢学会（ESPEN）的指南指出，为了预防老年人营养不良的发生，建议每天至少摄入 1 g/kg 的蛋白质。然而，欧洲食品安全管理局认为高蛋白摄入可能会造成其他不良反应，因此建议每天蛋白质摄入量为 0.83 g/kg。总体而言，不同指南建议每日摄入的蛋白质含量范围在 0.8 ~ 1.2 g/(kg·d)。如果处于生病、感染或运动后的恢复期，则需要额外增加蛋白质的摄入量。例如，在患病期间，蛋白质的摄入量应该增加到 1.2 ~ 1.5 g/(kg·d)，病情严重时甚至可以达到 2.0 g/(kg·d)。虽然老年人每日最低热量需求存在差异，但建议热量摄入仍应保持在 30 kcal/(kg·d) 以上。

欧洲临床营养与代谢学会发布的老年人营养管理指南，对于老年人营养不良的临床管理，提出了 10 条临床实践建议：①所有老年人都应定期接受营养不良筛查，使用已经经过验证的筛查工具，以了解相关风险；②如果营养不良筛查结果为阳性，则需要做系统评估；③老年人血清白蛋白水平容易受炎症因素影响，不建议作为营养不良评估标志物；④老年人营养干预应兼顾个性化与综合化；⑤营养干预应作为多模式和多学科团队治疗的一部分；⑥营养不良的老年人应接受相关教育和咨询；⑦通常无须限制饮食，若肥胖老年人群有减重的需求，则考虑将减重饮食与体育锻炼相结合；⑧无论是住院还是在院外，若老年患者强化饮食或饮食咨询不到位，则需向老年患者提供口服营养补充剂，嘱其出院 1 个月内需继续服用并定期到院复查；⑨食品则可支持口服营养补充剂；⑩应向居住在养老院或正在接受家庭护理的营养不良/存在营养不良风险的老年人提供支持性干预，如用餐支持或提供类似家庭就餐环境等。

✺ 知识链接

吞咽障碍老年人的饮食护理

吞咽障碍（dysphagia）是固体或液体食物从口腔运送至胃的过程中受阻而产生咽部、胸骨后梗阻感或停滞感的病变。老年人合并脑卒中、帕金森病、痴呆等疾病均可引起吞咽障碍。我国吞咽障碍总体患病率为 38.7%，可采用洼田饮水试验评估老年人吞咽障碍的程度，评估结果分为 5 级，1 级、2 级为轻度障碍，3 级、4 级为中度障碍，5 级为重度障碍。

饮食护理：①轻度吞咽障碍，可选择软食、半流质食物、糊状食物，液体食物应使用增稠剂，以使其易于吞咽、减少误吸。创造良好的进食环境、少食多餐、进餐后将床头抬高至 40°，避免食物反流。②中度吞咽障碍，先加强吞咽功能训练，待老年人吞咽功能有所恢复后，再行经口进食训练。病情处于急性期时，给予老年人肠内营养支持，待老年人病情稳定后按照上述原则加强饮食管理。③重度障碍，行肠内营养支持。

第八节　失能风险

学习目标

1. 掌握老年人失能的临床表现及风险因素评估。
2. 熟悉老年人失能的干预建议及安全管理措施。
3. 了解老年人失能的常见原因。

一、老年人失能的常见原因

老年人失能是指老年人在日常生活活动、精神状态、感知觉与沟通、社会参与等方面出现不同程度的障碍或功能减退的病变。

（一）内在功能下降

（1）体力下降：为导致老年人失能的重要原因之一。体力下降主要表现在躯体功能上，如步速减慢、平衡能力下降、肌肉力量减弱等。通过观察老年人的正常步速和能否完成抱胸起坐等动作，可以初步判断其体力状况。步速快、平衡能力好的老年人，其内在功能相对较好；反之，则可能存在失能的风险。

（2）脑力下降：也是老年人失能的重要原因之一。其主要包括认知功能下降和心理状况改变。认知功能下降表现为记忆力减退、计算能力下降、逻辑思维能力减弱、视空间能力（定向力）下降等。此外，心理状况改变，如抑郁、焦虑等，也会影响老年人的内在能力。这些变化使得老年人在日常生活中难以独立完成一些基本活动，如购物、理财等。

（二）外在环境因素

（1）疾病与意外伤害：老年人易患多种慢性疾病，如脑卒中、阿尔茨海默病、帕金森病、骨关节疾病等，这些疾病会严重损害老年人的身体功能，导致失能。此外，跌倒引起的骨折等意外伤害也是老年人失能的常见原因。这些疾病和意外伤害不仅可影响老年人的身体健康，还可导致其心理状态的恶化。

（2）生活方式与社会因素：不健康的生活方式，如不规律的饮食、缺乏运动、吸烟和过量饮酒等，都会增加老年人失能的风险。同时，社交孤立、贫困、家庭支持不足等社会因素也可能对老年人的失能产生影响，使老年人的身心状况进一步恶化。

二、老年人失能的临床表现

(一)基本日常生活活动能力受限

失能老年人在基本日常生活活动能力上表现出明显的受限。具体表现包括以下几点。

(1)进食:无法自行进食,需要他人帮助或借助辅助工具。

(2)穿衣:无法自行穿脱衣服,需要他人帮助或借助辅助工具。

(3)沐浴:无法自行沐浴,需要他人帮助或借助辅助工具。

(4)如厕:无法自行如厕,需要他人帮助或借助辅助工具。

(5)行走:无法自行行走,需要他人搀扶或借助辅助工具。

(6)上下楼梯:无法自行上下楼梯,需要他人帮助或借助辅助工具。

(7)转移:无法自行从床上(或椅子)上坐起、躺下(或坐下),需要他人帮助。

(二)认知功能下降

失能老年人在认知功能上也表现出明显的下降。其具体表现包括以下几点。

(1)记忆力减退:难以回忆近期发生的事情或难以记住新事物。

(2)注意力不集中:难以集中精力完成某项任务。

(3)判断力下降:难以作出合理的判断和决策。

(4)语言表达障碍:难以用语言清晰表达自己的想法。

(三)心理健康问题

失能老年人还常常伴随有心理健康问题。其具体表现包括以下几点。

(1)焦虑:对未来充满担忧和不安。

(2)抑郁:情绪低落,失去兴趣和乐趣。

(3)孤独:由于社交活动减少而感到孤独。

(4)情绪波动:情绪不稳定,易怒或易悲。

三、老年人失能的分级

根据综合评估结果,老年人失能可分为以下几个级别。

(1)能力完好:日常生活活动、精神状态、感知觉与沟通均正常,社会参与能力良好。

(2)轻度失能:在日常生活活动、精神状态、感知觉与沟通或社会参与中有1项或多项出现轻微障碍,但总体尚能自理。

(3)中度失能:日常生活活动、精神状态、感知觉与沟通或社会参与中有较明显的障碍,需要一定程度的帮助。

(4)重度失能:日常生活活动、精神状态、感知觉与沟通或社会参与中有多项严重障碍,几乎无法自理。

四、风险因素评估与干预建议

(一)风险因素评估

老年人失能的风险因素评估是一个综合性的过程,涉及多个方面的评估内容。

（1）简易智能精神状态评估：评估老年人是否存在认知功能缺陷。

（2）基本日常生活活动能力评估：评估老年人基本日常生活活动能力是否存在障碍。

（3）运动器官功能评估：判断老年人是否有运动器官功能障碍，评估跌倒和骨折的风险。

（4）简易营养状况评估：评估老年人是否存在低营养风险，以预防因营养不良导致的健康问题。

（5）口腔功能评估：判断老年人是否有口腔功能障碍的风险，确保口腔健康。

（6）尿失禁评估：评估老年人是否存在尿失禁的风险及尿失禁的程度。

（7）老年抑郁倾向评估：评估老年人是否有抑郁症的风险，关注其心理健康状况。

（8）家庭与社会评估：评估老年人家庭功能与社会之间存在的密切关系，可以通过科学的手段来促进家庭和社会的和谐。

（二）干预建议

老年人失能的干预措施是一个综合性的系统工程，旨在延缓或减轻老年人失能的程度，提高其生活质量。以下是一些主要的干预建议。

1. 健康评估与监测

（1）定期评估：对老年人的自理能力、认知功能、慢性病防控等指标进行定期评估，以便及时发现失能高危人群。

（2）风险监测：建立老年人健康档案，进行动态监测，关注其身体状况的变化，及时调整干预措施。

2. 综合干预措施

（1）慢性病管理：措施如下。①自我管理：鼓励老年人学习慢性病自我管理的知识和技能，如血糖、血压的自我监测和调节。②规范治疗：遵医嘱规范治疗慢性病，控制病情发展，减少并发症的发生。

（2）营养干预：措施如下。①合理膳食：根据老年人的身体状况和营养需求，制订合理的膳食计划，保证营养均衡。②营养补充：对于营养不良的老年人，应遵医嘱使用营养补充剂进行干预。

（3）运动干预：措施如下。①适宜运动：鼓励老年人进行适宜的运动锻炼，如散步、打太极拳、练八段锦等，以提高身体素质和免疫功能。②个性化方案：根据老年人的兴趣、能力、健康状况等制订个性化的运动方案，确保运动的安全性和有效性。

（4）心理干预：措施如下。①心理调适：关注老年人的心理健康，提供心理咨询和调适服务，帮助他们保持积极乐观的心态。②认知训练：对于认知功能轻度受损的老年人，可以进行认知训练，如记忆力训练、注意力训练等，以延缓认知功能的下降。

（5）环境改造：措施如下。①适老化改造：对社区和家庭环境进行适老化改造，如安装扶手、防滑地板等，以降低老年人跌倒的风险。②无障碍设施：提供无障碍设施，以方便老年人出行和日常生活。

（6）康复训练：措施如下。①专业康复：对于已经失能的老年人，应提供专业的康复训练服务，如物理治疗、基本日常生活活动能力训练等，以改善其功能状况。②长期护理：建立完善的长期护理体系，为失能老年人提供必要的照护和支持。

五、安全管理措施

（一）环境安全

（1）适老化改造：目标是确保老年人在家中行动安全。

（2）物品摆放：保持室内整洁，避免杂物堆积增加绊倒风险。家具和电器应摆放在易于老年人触及且不妨碍老年人行动的位置。

（3）光线照明：保持室内光线充足且柔和，避免过强或过弱的光线对老年人视力造成不良影响。

（二）日常照护

（1）穿衣安全：为老年人准备舒适且穿脱方便的衣服，鼓励其参与穿脱衣物的过程，但需注意动作轻柔，避免强拉硬拽。

（2）饮食安全：食物应细软、营养均衡，避免干、硬、脆的食物。进食过程中应保持环境安静，避免打扰老年人。进食后需保持适当体位一段时间，以防止食物反流。

（3）个人卫生：督促并协助老年人每天早晚刷牙、餐后漱口，保持口腔清洁。对于无法自主刷牙的老年人，可帮助其用盐水棉球擦拭牙龈、牙齿及舌面。

（三）健康管理

（1）定期体检：建议老年人每年至少进行2次健康体检，以及时发现并干预潜在的健康问题。

（2）疾病管理：患有慢性病的老年人需遵医嘱进行规范治疗和管理，控制病情发展。

（3）用药安全：老年人用药需遵医嘱，注意药物之间的相互作用和禁忌证，养老护理员需了解老年人的用药情况，确保其按时按量服药。

（四）心理关怀

（1）情感支持：失能老年人往往容易产生孤独、焦虑、抑郁等负面情绪，养老护理员需给予足够的关爱和陪伴，耐心倾听其诉说。

（2）心理干预：对于出现严重心理问题的老年人，需及时寻求专业心理医生的帮助进行心理干预和治疗。

（五）安全教育与培训

（1）养老护理员培训：对养老护理员进行专业培训，提高其照护技能和安全意识，确保在照护过程中能够及时发现并处理安全隐患。

（2）老年人教育：通过简单易懂的方式向老年人普及安全知识，提高其自我保护能力。

✦ 知识链接

我国失能老年人照护的现状与问题

《国务院关于推进养老服务体系建设、加强和改进失能老年人照护工作情况的报告》指出了我国养老目前面临的形势和存在的问题。我国是世界上人口老龄化程度比较高的国家之一，老年人口数量多，老龄化、空巢化问题日益突出，失能失智、慢性病老年人占比逐年攀升。第五次中国城乡老年人生活状况抽样调查显示，目前我国失能老年人约 3 500 万，占全体老年人的 11.6%，老年人患病率是总人口平均水平的 4 倍，带病生存时间达 8 年多。据测算，到 2035 年，我国失能老年人将达到 4 600 万，到 2050 年将达到 5 800 万左右。"一人失能，全家失衡"，面对庞大的失能照护需求，我们清醒地认识到，当前的工作与实施积极应对人口老龄化国家战略、与失能老年人照护需求相比还存在较大差距，主要表现在以下四个方面。

一是照护保障水平有待提高。现有的社会救助和福利保障对象主要集中在特困老年人及部分经济困难的失能老年人，保障范围较窄，标准不高。

二是照护供给仍然不足。基本养老服务体系正在建设，公办养老机构改革还不彻底，市场化的居家照护盈利模式尚不成熟，民办养老机构普遍反映"不赚钱"。

三是照护人才队伍建设滞后。养老护理员普遍素质不高、数量不足、结构层次不合理、职业认同感较差、工资待遇偏低，人员年流失率达 30% 以上。包括养老护理员在内的各类养老服务人才激励机制尚不健全。

四是政策统筹协调仍需加强。失能老年人照护涉及部门多、协调事项多，工作合力有待进一步提升。长期护理保险、福利补贴、救助供养等制度之间的衔接刚刚开始，各司其职、各尽其能的整合效应需要进一步提升。

第九节 不良心理状态风险

学习目标

1. 掌握老年人不良心理状态的常见表现及风险因素评估。
2. 熟悉老年人不良心理状态的干预建议。
3. 了解老年人不良心理状态与基础疾病的关联性。

一、老年人不良心理状态的常见表现

老年人不良心理状态的表现多种多样，这些表现可能受到生活环境变化、身体健康状况、社会支持系统等多种因素的影响。以下是一些主要的表现。

(一)情绪不稳定

(1)易怒与情绪波动：老年人可能更容易因为小事而发火，情绪起伏较大，表现为易怒、易哭、抑郁和孤独感。

(2)抑郁情绪：面对衰老和可能的健康问题，老年人可能产生无助感、绝望感，进而引发抑郁情绪，表现为情绪低落、兴趣丧失、自责自罪等。

（二）认知功能下降

（1）记忆力减退：老年人可能会出现记忆力减退、反应迟缓等问题，这可能与大脑功能退化有关。

（2）认知障碍：严重者可能出现认知障碍，如阿尔茨海默病患者等，表现为记忆力严重丧失、定向力障碍等。

（三）社交孤立

（1）减少社交活动：老年人可能逐渐减少与家人和朋友的交往，变得孤僻。

（2）孤独感：缺乏社交支持会使老年人感到孤独，进而影响其心理健康。

（四）自我忽视

对个人卫生和饮食的忽视是老年人心理健康问题的一个表现。他们可能不再关注自己的仪表，饮食也变得不规律。

（五）焦虑和恐惧

（1）对健康的过度担忧：老年人可能对自己的健康状况过度关注，表现出焦虑和恐惧的情绪。

（2）对死亡的恐惧：面对生命的有限性，老年人可能产生对死亡的恐惧，表现为害怕谈论死亡、不敢面对与死亡相关的事物等。

（六）疑心严重

无端猜疑：部分老年人可能疑心严重，常猜疑别人对自己不怀好意，对任何人都不信任。

（七）行为异常

（1）暴躁行为：由于情绪波动大，老年人可能出现暴躁行为，如咆哮、攻击等。

（2）过度依赖：有些老年人可能过度依赖家人或照顾者，要求得到过多的关注和照顾。

（八）失去生活乐趣

对原本喜欢的事物失去兴趣，生活变得乏味。

（九）自我评价过低

老年人可能因年龄、健康状况等原因产生自卑感，认为自己无用或成为负担。

（十）自杀倾向

在极端情况下，老年人可能产生自杀念头或行为，这通常与严重的抑郁情绪、绝望感有关。

老年人不良心理状态的表现是多方面的，需要家人、社会和专业机构给予足够的关注和支持。及时发现并干预这些不良心理状态，有助于提升老年人的生活质量和幸福感。

二、与基础疾病的关联性分析

老年人不良心理状态与基础疾病之间存在密切的关联性。通过加强心理健康教育、提供心理支持服务、鼓励参与社会活动和注重身体保健等措施，可以有效预防和缓解老年人不良心理状态及其对老年人身体健康的影响。

(一)孤独感

孤独感是老年人最常见的心理问题之一。由于子女离家、社交圈子缩小、配偶去世等原因，老年人常常感到孤独无助。孤独不仅会影响老年人的情绪状态，还会导致抑郁、焦虑等心理疾病，进而诱发高血压、心脏病等生理疾病。

(二)抑郁情绪

抑郁情绪在老年人群中普遍存在，表现为情绪低落、兴趣丧失、睡眠障碍等。老年人抑郁与脑内生物胺代谢改变有关，长期抑郁不仅会影响老年人的生活质量，还会增加患心血管疾病、脑血管疾病及糖尿病等慢性病的风险。

(三)焦虑与恐惧

老年人常因担心身体健康、经济状况、家庭关系等问题而产生焦虑和恐惧情绪。这些情绪状态不仅会影响老年人的心理状态，还会通过神经内分泌系统影响老年人的身体健康，导致免疫力下降、血压升高、心脏病发作等严重后果。

(四)依赖心理

长期患病或身体功能下降的老年人容易产生依赖心理，表现为信心不足、犹豫不决、行动依靠他人等。这种依赖心理不仅会影响老年人的自我价值感，还会导致身体功能进一步退化，形成恶性循环。

(五)不良心理状态与疾病的关联性

(1)神经精神类疾病：如脑动脉硬化、痴呆等，可直接损害老年人的脑组织，导致记忆障碍、智力下降、性格改变等心理问题。这些问题不仅会影响老年人的日常生活，还会加重其他身体疾病的病情。

(2)心血管疾病：高血压、冠心病等心血管疾病是老年人常见的疾病。这些疾病的发生、发展与不良心理状态密切相关。焦虑、抑郁等情绪状态可通过神经内分泌系统影响血压、心率等生理指标，进而增加心血管疾病的风险。

(3)内分泌系统疾病：糖尿病等内分泌系统疾病在老年人群中发病率较高。这些疾病不仅与遗传、环境等因素有关，还与不良心理状态密切相关。长期抑郁、焦虑等情绪状态可导致内分泌失调，进而加重糖尿病等疾病的病情。

(4)呼吸系统疾病：慢性支气管炎等呼吸系统疾病在老年人群中也很常见。这些疾病的发生与环境污染、吸烟等因素有关，但不良心理状态(如抑郁、焦虑等)也可通过影响免疫系统而加重其病情。

三、风险因素评估与干预建议

(一)风险因素评估

老年人不良心理状态的风险因素评估是一个综合性的过程，涉及多个方面的评估指标和方法，评估应由专业医生完成。

1. 焦虑评估

(1)工具：常用的焦虑评估工具有汉密尔顿焦虑量表(HAMA)等。HAMA 主要通过他评方式，对焦虑的严重程度进行量化，每个项目都有一定的分数，根据老年人的回答，进行评分，最终得到总分。

(2)评分标准：总分超过 25 分提示为严重焦虑，17~24 分提示为中度焦虑，7~16 分提示为轻度焦虑，0~6 分的提示为无焦虑症状或轻微。

2. 老年抑郁评估表

(1)工具：常用的为老年抑郁评估量表(GDS-15)，该量表通过询问老年人一系列问题，根据老年人的回答进行评分，最终得到总分。

(2)评分标准：正常小于 8 分，抑郁大于等于 8 分。

3. 生活满意度评估

(1)工具：生活满意度指数(LSI)是老年研究中的一个重要指标，用以测量老年人心情、兴趣、心理、生理主观完美状态的一致性。

(2)评估方式：通过问卷或访谈方式，了解老年人对生活的满意度和幸福感。

(二)干预建议

针对老年人不良心理状态的干预措施，可以从多个方面入手，以帮助他们调整心态、改善生活质量。以下是一些具体的干预措施：

1. 认知与心理教育

(1)增强自我认知：帮助老年人正确认识和理解自己的心理状态(包括情绪变化、记忆力减退等)自然现象，减少对衰老的恐惧和焦虑。

(2)心理健康教育：通过讲座、咨询等方式，向老年人普及心理健康知识，提高他们对心理健康的重视程度和自我调节能力。

2. 生活方式调整

(1)规律作息：引导老年人保持规律的作息时间，保证充足的睡眠和休息时间，有助于稳定情绪和改善精神状态。

(2)适量运动：鼓励老年人根据自身情况选择适合的运动方式，如散步、打太极拳、练瑜伽等，以增强体质、缓解压力。

(3)兴趣培养：鼓励老年人培养兴趣爱好，如书法、绘画、园艺等，以丰富精神生活、陶冶情操。

3. 社交与家庭支持

(1)加强社交：鼓励老年人积极参与社交活动，如社区活动、老年大学等，扩大社交圈子，减少孤独感。

(2)家庭关爱：家庭成员应给予老年人更多的关爱和支持，关注他们的情感需求，及时沟通、解决问题。

(3)志愿服务：鼓励老年人参与志愿服务活动，如社区义工、支教等，以发挥余热、实现自我价值。

4. 专业心理咨询与治疗

(1)心理咨询：对于存在严重心理问题的老年人，应及时寻求专业心理咨询师的帮助，进行心理疏导和干预。

（2）药物治疗：必要时，医生可能会根据老年人的具体情况开具药物，以缓解其抑郁、焦虑等情绪症状。但需注意，药物治疗应在医生指导下进行，避免自行用药。

5. 环境优化

（1）居住环境：为老年人提供一个安全、舒适、整洁的居住环境，有助于改善其心理状态。

（2）色彩与光照：适当运用色彩和光照来调节老年人的情绪，如使用温馨的色彩、增加室内光照等。

知识链接

国家针对老年人不良心理状态有一系列相关政策及举措，其中医疗保障政策如下。

慢性病管理与心理干预结合：慢性病是影响老年人心理健康的重要因素之一。国家在医保政策中，加强了对老年人慢性病的管理和治疗，同时注重将心理干预纳入慢性病治疗体系中。例如，对于患有高血压、糖尿病等慢性病的老年人，在治疗过程中，医生不仅会关注疾病的生理指标控制，还会评估患者的心理状态，提供相应的心理支持和干预，以提高治疗效果和患者的生活质量。

精神疾病治疗保障：对于患有严重精神疾病（如抑郁症、精神分裂症等）的老年人，医保政策提供相应的治疗费用报销，确保他们能够得到及时、有效的治疗。这对于减轻患者家庭的经济负担、提高患者的治疗依从性具有重要意义。

第十节　社会隔离风险

学习目标

1. 掌握社会隔离的风险因素。
2. 熟悉社会隔离的应对策略。
3. 了解社会隔离风险的现状。

老年人社会隔离风险是一个复杂且日益受到关注的问题，它涉及多个层面的因素，包括个人、家庭、社区和社会等。

一、定义与现状

（一）社会隔离的定义

社会隔离通常指个体在社会中缺乏归属感，缺乏与他人的接触和交往，以及缺乏满足和高质量的社会关系的状态。对于老年人而言，这种社会隔离现象尤为普遍。

（二）老年人社会隔离风险的现状

我国老龄化速度加快，老年人口基数庞大，老年人社会隔离风险不容小觑。在农村地区，大量年轻劳动力外出务工，形成了许多"空巢老人"群体，这些老年人一年中大部分时间只能独自生活，与外界交流主要集中在偶尔的赶集等活动中，缺乏日常的、深入的社会交往。据统计，我国农村"空巢老人"比例已超过半数，其中相当一部分面临着较高的社会隔离风险。

在城市中，虽然社区建设不断发展，但有部分老年人因身体原因不便外出参与活动，或者由于新的居住环境邻里关系相对陌生等，难以融入社区活动。例如，一些老年人随子女搬到新建小区后，周围邻居大多是年轻上班族，作息时间不同，导致邻里互动困难，他们也因此可能陷入社会隔离的困境。总体而言，我国城市老年人中有10%～20%存在一定程度的社会隔离风险，且这一数据在部分大城市的独居、高龄老年人群中可能更高。

二、风险因素

(一)个人层面

(1)内在能力的下降，如感觉障碍、听力丧失等，会增加社会隔离的风险。

(2)抑郁、焦虑和痴呆等精神障碍也是导致老年人社会隔离的重要因素。

(3)某些人格特征，如神经质、不随和、责任心不强等，也可能增加老年人社会隔离的风险。

(二)人际层面

(1)缺乏支持性的人际关系或对人际关系感到不满足会增加老年人的孤立感，进而增加社会隔离的风险。

(2)生活转变和破坏性的生活事件，如退休、丧亲等，也会增加老年人社会隔离的风险。

(3)社区和社会层面：①缺乏社会经济来源、教育资源有限、交通不足、不会使用数字技术、住房条件差等都可能导致老年人社会隔离；②歧视老年人、边缘化和偏远居住也是重要的风险因素。

三、应对策略

(一)个人和家庭层面

(1)鼓励老年人积极参与社交活动，与家人和朋友保持联系。

(2)家庭成员应关注老年人的心理健康，及时提供支持和帮助。

(二)社区层面

(1)加强社区基础设施建设，为老年人提供更多社交和活动的场所。

(2)组织丰富多彩的社区活动，吸引老年人参与。

(三)社会层面

(1)制定相关政策法规，保障老年人的合法权益。

(2)加大对老年人社会隔离问题的宣传力度，提高社会对这一问题的关注度。

(3)推广数字技术在老年人中的应用，帮助他们跨越数字鸿沟。

老年人社会隔离风险是一个复杂而严峻的问题，需要个人、家庭、社区和社会共同努力来应对。通过多方面的措施和策略，我们可以有效降低老年人的社会隔离风险，提高他们的生活质量和幸福感。

知识链接

如何帮助老年人提升社交生活？

一、鼓励参与社区活动

（1）社区兴趣小组：许多社区会组织各类兴趣小组，如书法、绘画、摄影、合唱、下棋、舞蹈等。鼓励老年人根据自身兴趣参加，在活动中结识有共同爱好的同龄人。

（2）社区志愿服务：鼓励有能力的老年人参加社区志愿服务活动，他们能在付出的同时，与其他志愿者互动交流，增强社交自信。

二、借助老年活动机构

（1）老年大学：为老年人报名老年大学，那里设置了很多课程，涵盖文化知识、艺术修养、健康养生等领域。老年人在学习的过程中可以结交不同背景的同龄人，一起探讨知识，交流心得，享受学习和社交的双重乐趣。

（2）老年活动中心：活动中心通常有丰富的娱乐设施和活动安排，如打乒乓球、打台球、下象棋、玩纸牌等。定期带老年人去活动中心，让他们融入其中，结交新朋友。

三、组织家庭社交活动

（1）组织家庭聚会：定期组织家庭聚会，加强家庭成员之间的情感交流，让老年人感受到家庭的温暖。

（2）鼓励亲友走动：鼓励老年人主动邀请亲友到家里做客，或去亲友家串门，增进彼此之间的联系和互动。

四、利用网络社交平台

（1）社交软件培训：教会老年人使用一些简单的社交软件，如微信等，通过网络与亲朋好友保持密切联系；加入一些老年群体，参与群里的话题讨论。

（2）线上兴趣活动：老年人可以参加一些适合他们的线上兴趣社区活动，如老年摄影论坛、书法交流平台等，以拓宽社交渠道。

第三章 应对策略与措施

老年人护理风险高，任务重，主要体现在老年人群体健康状况的复杂性和多样性上，需要养老护理员具备高度的专业素养、细致入微的观察力和应对突发状况的能力，以确保每位老年人都能得到安全、有效、个性化的护理服务。护理风险应对策略与措施能够显著减少护理过程中可能发生的意外和不良事件，保障老年人的身心健康与安全。这些策略与措施不仅有助于提升护理质量，还有助于增强老年人及其家庭的满意度和信任感，为构建更加安全、高效的护理体系提供有力支持。

第一节 预防性措施

学习目标

1. 掌握老年人的日常生活安全指导。
2. 熟悉老年人的定期体检与功能评估。
3. 了解环境与设施对老年人的重要性。

一、环境优化与设施改进

在老年人护理中，环境优化与设施改进是预防护理风险的重要措施。这些措施旨在为老年人创造一个安全、舒适、便捷的生活环境，降低跌倒、感染、误吸等风险的发生率。以下是一些具体的环境优化与设施改进方法。

（一）环境优化

1. 保持清洁、干燥

确保老年人的居住环境干净整洁，地面无积水、无杂物，以防滑倒。定期清洁和消毒家具、门把手、水龙头等常接触的物品表面，以减少细菌滋生。

2. 充足照明

卧室、走廊、卫生间等区域应有良好的照明条件，特别是夜间应使用柔和且亮度适中的灯具，如壁灯、夜灯等，以方便老年人夜间行动。

3. 减少障碍物

移除或减少家中的障碍物，如高门槛、多余家具等，确保通道畅通无阻。在楼梯、走廊等地方安装扶手，为老年人提供支撑。

4. 防滑处理

在卫生间、浴室等易滑倒的地方铺设防滑垫，并在地面采用防滑材料。保持这些区域的地面干燥，以防老年人因地面湿滑而滑倒。

5. 简洁家具布局

家具布局应简洁，避免过多的障碍物，确保行走路径宽敞且无障碍。

6. 室温舒适

根据老年人的身体状况和习惯，调节室温至适宜范围，避免因过冷或过热而导致身体不适。

(二)设施改进

1. 床品设施

使用具有护栏的床，以防止老年人坠床。为长期卧床的老年人配备气垫床或减压垫，以预防压疮。

2. 卫浴设施

安装适合老年人使用的淋浴椅或浴缸扶手，以方便其安全沐浴。使用防滑的马桶坐垫和淋浴地面，以降低跌倒风险。

3. 辅助器具

为有需要的老年人提供拐杖、助步器、轮椅等辅助器具，以帮助其保持身体平衡和行动便利。确保这些器具符合老年人的身体状况和使用习惯，并定期进行维护和检查。

4. 紧急呼叫系统

在老年人容易触及的地方安装紧急呼叫系统(如呼叫器、一键式电话等)，以便在发生紧急情况时能够及时呼救。

5. 智能家居系统

引入智能家居系统，如智能门锁、环境监测器等，以便随时掌握老年人的生活状况和环境变化，并及时做出相应处理。

二、日常生活安全指导

对老年人的日常生活安全指导主要包括以下几个方面。

(一)防止跌倒

1. 环境安全

确保居住环境干净整洁，清除地面上的障碍物，如电线、杂物等。在浴室、厨房等易滑倒的地方铺设防滑垫，安装扶手，以便老年人在需要时能够稳定支撑。

2. 辅助工具

为老年人提供合适的辅助工具，如拐杖、助步器等，以增强其行走的稳定性。同时，鼓励老年人穿合脚并防滑的鞋，避免穿过大或过小的鞋，以防在行走时跌倒。

3. 健康监测

定期评估老年人的身体状况和平衡能力，如有需要，可进行康复训练，以提高其平衡能力。

(二)预防火灾

1. 电器使用

老年人在使用电器时应格外小心，避免长时间使用未经检测的加热设备。确保电线不过热、无损坏，并避免在电线附近、走廊等区域堆放易燃物品。

2. 烟雾报警器

安装烟雾报警器并定期检查其电池是否正常，以便在火灾发生时能够及时报警。

3. 灶具安全

定期维护和清洁灶具，并确保烹饪时保持通风，以防燃气泄漏引发火灾。

(三)安全用药

1. 医嘱用药

老年人通常需要长期用药，应严格遵医嘱用药，避免滥用药物或随意更改用药剂量。

2. 药物管理

使用药盒或药袋分装药品，以免混淆。避免同时服用相互作用的药物，以降低不良反应发生的风险。

3. 定期复查

定期与医生或药剂师沟通，了解药物的使用情况和可能的不良反应，以便及时调整用药方案。

(四)合理饮食

1. 均衡饮食

老年人应保持均衡饮食，摄入足够的营养物质。建议多食用蔬菜、水果、全谷物和蛋白质，限制高脂肪、高糖和高盐的食物。

2. 细嚼慢咽

老年人在进食时应细嚼慢咽，避免过快进食而导致哽噎。同时，食物应容易咀嚼和消化，避免过硬、易滑动或黏性过大。

(五)心理健康

1. 情感支持

提供情感支持和陪伴对老年人的心理健康至关重要。鼓励老年人参加社交活动、兴趣班及与家人和朋友保持联系，以防止孤独和抑郁。

2. 心理咨询

如老年人出现明显的心理健康问题，如抑郁、焦虑等，应及时寻求心理咨询师的帮助。

(六)其他安全指导

1. 避免过度劳累

老年人的体力相对有限，因此在日常生活中应避免过度劳累，以免引发身体不适或意外事件。

2. 定期体检

定期体检是预防和发现潜在健康问题的重要手段。老年人应定期到医院进行全面体检，包括血压、血糖、胆固醇水平等检查，以及常规的肝、肾功能检查。

3. 安全居住

除了上述提到的防滑措施外，还应确保家具布局合理，避免尖锐边角对老年人造成伤害。同时，保持室内光线充足，以利于老年人在行走时看清路况。

三、定期体检与功能评估

在老年人常见护理风险的预防性措施中，定期体检与功能评估是至关重要的一环。这些措施有助于及时发现老年人的健康问题和潜在风险，从而采取针对性的干预措施，保障老年人的生活质量和安全。

（一）定期体检

1. 制订检查计划

根据老年人的年龄、性别、健康状况和家族病史等因素，制订个性化的检查计划。计划应明确检查的项目、频率和时间。

2. 全面检查

检查项目应覆盖老年人身体的各个方面，包括血压、血糖、血脂、心电图、肺部X线片、肝功能、肾功能等。对于有特殊疾病史的老年人，还应进行针对性的检查。

3. 记录与评估

详细记录每次检查的结果，并进行纵向对比和评估。这有助于发现老年人的健康变化趋势，及时调整治疗和护理方案。

（二）功能评估

1. 量表评估

使用标准化的评估量表，如日常生活能力量表（ADL）、工具性日常生活能力量表（IADL）等，对老年人的功能状况进行量化评估。

2. 观察与询问

除了量表评估外，还应通过观察老年人的实际行为和询问主观感受来了解其功能状况。这有助于发现量表中可能遗漏的问题。

3. 制订康复计划

根据评估结果，制订个性化的康复训练和护理计划。计划应针对老年人的具体问题和需求，包括肌肉力量训练、平衡训练、认知功能训练等。同时，还应关注老年人的心理健康和社会支持状况，提供必要的心理支持和社交活动。

知识链接

2023 年国家卫生健康委员会发布《中国健康老年人标准》

2020 年 7 月，国家卫生健康标准委员会委托北京医院牵头制定了与我国老年人生理、心理和社会方面相适应的卫生行业标准《中国健康老年人标准》（WS/T 802—

2022），该标准于 2022 年 9 月 28 日正式发布，并于 2023 年 3 月 1 日正式实施。在该标准中，健康老年人的定义是指 60 周岁及以上生活自理或基本自理的老年人，躯体、心理、社会三方面都趋于相互协调与和谐状态。其重要脏器的增龄性改变未导致明显的功能异常，影响健康的危险因素控制在与其年龄相适应的范围内，营养状况良好；认知功能基本正常，乐观积极，自我满意，具有一定的健康素养，保持良好的生活方式；积极参与家庭和社会活动，社会适应能力良好等。中国健康老年人应满足下述要求：①生活自理或基本自理；②重要脏器的增龄性改变未导致明显的功能异常；③影响健康的危险因素控制在与其年龄相适应的范围内；④营养状况良好；⑤认知功能基本正常；⑥乐观积极，自我满意；⑦具有一定的健康素养，保持良好生活方式；⑧积极参与家庭和社会活动；⑨社会适应能力良好。

第二节　养老护理员的培训与教育

✎ 学习目标

1. 掌握增强风险意识与应对能力的策略。
2. 熟悉老年人护理风险的紧急处理流程。
3. 了解老年人护理风险的紧急处理协作机制。

一、增强风险意识与应对能力的策略

作为老年人照护活动的直接实施者，养老护理员增强风险意识与应对能力至关重要。以下是一些具体的策略和建议。

（一）增强风险意识

1. 加强专业培训

养老护理员应定期接受专业培训，培训内容涵盖老年护理知识、风险评估方法、急救技能等。通过培训，养老护理员能够更全面地了解老年人可能面临的护理风险，提高风险识别能力。

2. 学习最新指南和标准

养老护理员应关注并学习国内外关于老年护理的最新指南和标准，如《养老机构老年人护理常见风险防控规范》等。相关指南和标准提供了科学的风险防控措施，有助于养老护理员更好地理解和应对护理风险。

3. 建立风险防控意识

养老护理员应时刻保持警惕，将风险防控意识融入日常护理工作中。在护理过程中，要时刻关注老年人的身体状况和护理需求，及时发现并处理潜在的风险。

（二）提高应对能力

1. 掌握急救技能

养老护理员应熟练掌握基本的急救技能，如心肺复苏、止血、包扎、海姆立克急救法等，以便于在老年人发生紧急情况时，能够迅速采取有效的急救措施，保障老年人的生命安全。

2. 制订个性化的护理计划

根据老年人的身体状况和护理需求，制订个性化的护理计划。在计划中明确护理目标、护理措施和注意事项等，确保护理工作的针对性和有效性。

3. 加强沟通与协作

养老护理员应与老年人及其家属保持良好的沟通，及时了解老年人的需求和反馈。同时，养老护理员应与医疗团队、康复团队等保持密切协作，共同为老年人提供全面的护理服务。

4. 应对特定风险

针对老年人常见的护理风险，如跌倒、压疮、窒息等，养老护理员应掌握相应的防控措施和应对方法。如对跌倒风险较高的老年人，可以采取安装扶手、加强巡视等措施来预防跌倒；对压疮风险较高的老年人，可以采取定期翻身、使用气垫床等措施来预防压疮。

5. 建立风险上报机制

养老护理员应建立风险上报机制，一旦发现潜在的风险或护理不良事件，应及时上报给相关部门或负责人。通过上报机制，可以及时发现并处理护理风险，避免不良事件的发生或扩大。

6. 持续学习与改进

养老护理员应保持持续学习的态度，关注老年护理领域的最新动态和研究成果。同时，对护理工作中出现的问题进行反思和总结，不断改进护理方法和措施，提高护理质量和效果。

二、紧急处理流程与协作机制

随着人口老龄化的加剧，老年人在社会中的比例逐渐增加，其护理需求也日益凸显。然而，老年人在日常生活中面临着多种护理风险，如跌倒、坠床、噎食、压疮、烫伤等，这些风险不仅可影响老年人的生活质量，还可对其生命安全构成威胁。因此，建立科学、高效的老年人常见护理风险紧急处理流程与协作机制显得尤为重要。这里将从多个方面详细阐述老年人常见护理风险的紧急处理流程及协作机制，以期为养老护理员提供参考。

（一）紧急处理流程

1. 跌倒/坠床的紧急处理流程

（1）发现与报告：当发现老年人跌倒/坠床时，应立即上前查看，同时呼叫其他养老护理员或值班医生，初步判断老年人的意识状态、呼吸、脉搏等，并检查有无外伤、骨折等情况。

（2）紧急处理：对未造成骨折的老年人，可搀扶或用轮椅将其送至床上休息，观察病情变化，必要时给予吸氧、止痛等处理；对疑似骨折或骨折的老年人，先用夹板固定相应部位，再协助其平卧于硬板担架上，避免搬动过程中造成二次伤害，同时迅速拨打"120"，将其送往医院进行诊断和治疗。

（3）后续处理：安慰老年人，加强护理巡视，分析和去除发生跌倒/坠床的相关因素。记录老年人跌倒/坠床的情况及处置办法，做好交接班。向老年人家属告知老年人跌倒/坠床的情况及处理经过，并提醒家属加强监护。

2. 噎食与误吸的紧急处理流程

（1）发现与报告：当发现老年人发生噎食或误吸时，应立即上前查看，同时呼叫其他养老护理员或值班医生。初步判断老年人的呼吸状况，有无窒息表现。

（2）紧急处理：软性食物噎食时，可使用吸引器抽吸；硬性食物噎食时，可采用海姆立克急救法排出。施救者站在老年人背后，双手环抱老年人，一手握拳，用拇指骨关节顶住老年人的脐上 2 cm 处（远离剑突），另一手握住握拳之手，快速冲击，向内上方压迫腹部，利用腹压将硬性食物挤出。若噎食导致心搏骤停，应立即进行心肺复苏。

（3）后续处理：安慰老年人，加强护理巡视，分析和去除发生噎食的相关因素。记录老年人噎食情况及处置办法，做好交接班。向老年人家属告知老年人噎食的情况及处理经过，并提醒家属注意老年人的饮食安全。

3. 压疮的紧急处理流程

（1）发现与报告：当发现老年人出现压疮时，应立即查看压疮的部位、大小、深度及周围皮肤情况，如在养老机构，应及时报告值班医生或护士长；如在家中，应及时告知家属，并进行处理，必要时请医护人员处理。

（2）紧急处理：根据压疮的病理阶段和临床表现进行相应处理。例如，淤血红润期可局部按摩、定时更换体位、使用预防性敷料；炎症浸润期，需保持创面干燥、清洁，可外用抗生素软膏预防感染，并定时更换体位，避免继续受压；浅度溃疡期，应请医护人员彻底清创，去除坏死组织，用生理盐水清洗创面，并根据伤口情况使用合适的药膏或敷料覆盖，促进伤口愈合；深度溃疡期，此时病情较为严重，可能需要外科手术治疗，如皮瓣移植等，需要由医护人员进行清创手术处理。在等待手术期间，应继续做好伤口的清洁和换药工作，防止感染扩散。

（3）后续处理：评估老年人的营养状况，提供合理的饮食建议，增强抵抗力，促进压疮愈合。定期进行压疮风险评估，采取预防性措施，如使用气垫床、定时翻身等，减少压疮的发生。加强与家属的沟通，告知压疮的发生原因、处理过程及预后情况，取得家属的理解和支持。

4. 烫伤的紧急处理流程

（1）发现与报告：当发现老年人烫伤时，应立即查看烫伤部位、范围、深度及伴随症状，如在养老机构，应迅速报告值班医生或护士长；如在家中，应及时告知家属，并紧急处理［具体见"（2）紧急处理"］。

（2）紧急处理：具体措施如下。迅速降温：用流动的冷水冲洗烫伤部位，持续 15 ～ 30 min，以降低局部温度，减少热损伤。保护创面：用干净的纱布或布单轻轻覆盖烫伤部位，避免污染和进一步损伤。评估伤情：根据烫伤的程度（一度、二度、三度）采取相应的处理措施。一度烫伤一般只需保持创面干燥即可；二度烫伤需用消毒药水清洗创面，并涂抹烫伤膏；三度烫伤则需立即送医救治。

（3）后续处理：定期为烫伤部位换药，保持创面清洁干燥，预防感染。密切观察老年人的病情变化，如有发热、局部红肿、渗出等感染征象，应及时报告医生处理。评估烫伤发生的原因，采取预防措施，如调节热水温度、使用防烫标志等，避免再次发生烫伤。

（二）紧急处理协作机制

1. 建立快速响应团队

养老机构应成立由医生、护士、康复师、营养师、心理咨询师及养老护理员等多学科人员组成的快速响应团队。团队成员应明确各自职责，确保在老年人发生护理风险时能够迅速到位，共同协作处理。

2. 完善通信联络系统

建立畅通的通信联络系统，包括电话、对讲机、紧急呼叫按钮等，确保在发生紧急情况时，养老护理员能够迅速联系到医生、家属及其他相关人员，及时报告和处理。

3. 定期培训与演练

定期组织养老护理员进行老年人护理风险紧急处理的培训和演练，提高养老护理员的应急能力和协同作战能力。培训内容应涵盖各种常见护理风险的识别、评估、紧急处理及后续护理等。

4. 建立信息共享平台

建立老年人护理风险信息共享平台，将老年人的基本信息、护理风险评估结果、紧急处理过程及预后情况等记录在案，实现信息共享和远程会诊。这有助于提高护理效率和质量，减少护理差错和纠纷。

5. 加强与家属的沟通、合作

养老护理员应主动与老年人家属进行沟通，告知护理风险的存在、预防措施及紧急处理流程。鼓励家属参与老年人的日常护理和照护工作，形成家－院共管的良好局面。

知识链接

"健康中国 2030"健康人才建设目标

《"健康中国 2030"规划纲要》第二十二章"加强健康人力资源建设"中指出："加强医教协同，建立完善医学人才培养供需平衡机制……推进卫生管理人员专业化、职业化。调整优化适应健康服务产业发展的医学教育专业结构，加大养老护理员、康复治疗师、心理咨询师等健康人才培养培训力度。支持建立以国家健康医疗开放大学为基础、中国健康医疗教育慕课联盟为支撑的健康教育培训云平台，便捷医务人员终身教育。加强社会体育指导员队伍建设，到 2030 年，实现每千人拥有社会体育指导员 2.3 名。"

第三节　家属与患者的教育

学习目标

1. 掌握安全知识的主要内容。
2. 熟悉与老年人沟通中的注意事项。
3. 了解沟通的重要性。

一、安全知识普及与技能培训

在老年人常见护理风险的识别中，家属与患者安全知识的普及与技能培训是至关重要的。这不仅有助于预防护理风险的发生，还能在风险发生时迅速、有效地进行应对。以下是一些具体的做法和建议。

(一)家属与患者安全知识普及

1. 基础知识教育

向家属与老年人普及护理安全的基本概念、重要性及常见风险的识别方法。通过讲解、演示和互动问答等方式，加深他们对护理安全的认识。

2. 风险告知

详细告知家属与老年人可能面临的护理风险及其不良后果，以及相应的预防措施。让他们了解如何在日常生活中避免这些风险的发生。

3. 药物安全教育

特别强调药物的使用方法和注意事项，包括药物的名称、剂量、用法、不良反应及用药时间等。家属与老年人需掌握正确的用药知识，避免因药物使用不当而导致风险的发生。

4. 应急处理培训

教授家属和老年人在发生跌倒、烫伤等意外情况时的应急处理方法，如正确搬运跌倒老年人的方法、进行简单的烫伤处理的方法等。

(二)技能培训

1. 体位变换与移动技能

培训家属和养老护理员正确地进行体位变换和移动的方法，以减少跌倒和压疮的风险。这包括使用助行器、轮椅等设备，以及安全地帮助老年人从床上转移到轮椅或椅子上的方法。

2. 生活辅助器具的使用

教会家属与老年人正确使用各种生活辅助器具，如拐杖、助听器、假肢等，确保他们了解这些器具的适用范围、使用方法及维护保养知识。

3. 营养与饮食管理

培训家属为老年人制订合理的饮食计划的方法，保证其营养均衡。同时，教会他们观察老年人饮食情况的方法，以及时发现并处理误吸、窒息等风险。

4. 心理护理与沟通

培训家属和养老护理员与老年人进行有效沟通的方法，以了解其心理需求，减轻其孤独感和焦虑情绪。这有助于提升老年人的生活质量，减少因心理问题导致的护理风险。

二、家属的监护责任与沟通机制

老年人常见护理风险中，家属的监护责任与沟通机制是至关重要的。以下是对这两个方面的详细阐述。

（一）家属的监护责任

1. 监护责任的内容

（1）日常生活照护：家属应负责老年人的日常生活起居，包括饮食、洗漱、穿衣、如厕等，确保老年人得到基本的生活照顾。

（2）健康监测：定期为老年人检查身体状况，包括血压、血糖等指标的监测，及时发现并处理异常情况。

（3）安全保护：为老年人提供安全的生活环境，防止跌倒、烫伤等意外事故的发生，包括确保家中无障碍物、安装扶手、使用防滑地板等。

（4）用药管理：遵医嘱协助老年人按时、按量服药，避免药物过量或误用。同时，要留意老年人的药物反应，如有不适，及时与医生沟通。

（5）心理关怀：关注老年人的心理需求，与其保持良好的沟通，帮助其缓解孤独、焦虑等情绪。

2. 监护责任的法律依据

《中华人民共和国民法典》和《中华人民共和国老年人权益保障法》等明确规定，子女对父母有赡养扶助的义务，包括提供经济支持、生活照料和精神慰藉等。对于无法自理的老年人，其子女或其他近亲属应成为其监护人，承担相应的监护责任。

（二）沟通机制

1. 沟通的重要性

通过有效的沟通，家属可以及时了解老年人的身体状况、心理需求和生活困难，从而提供更加精准的照护。沟通还可以增强家庭成员之间的情感联系，提高老年人的生活质量和幸福感。

2. 沟通机制的建立

（1）定期沟通：家属应设定固定的时间（如每周或每月）与老年人进行面对面的交流，了解他们的身体状况和生活情况。

（2）多渠道沟通：除了面对面交流外，还可以通过电话、视频通话、社交媒体等多种渠道保持联系，确保信息的及时传递。

（3）情感交流：在沟通过程中，家属应注重情感交流，表达关心和关爱，让老年人感受到家庭的温暖和支持。

（4）共同决策：对于老年人的重要事项（如医疗决策、生活安排等），家属应与老年人共同商议并尊重其意见和选择。

3. 沟通中的注意事项

（1）耐心倾听：家属应耐心倾听老年人的诉说，不打断、不插话，给予其充分的表达机会。

（2）清晰表达：在与老年人沟通时，家属应使用清晰、简洁的语言，避免使用过于专业或复杂的词汇。

（3）情感共鸣：家属应理解老年人的情感需求，给予其情感上的支持和安慰。

（4）尊重隐私：在沟通过程中，家属应尊重老年人的隐私，不随意泄露其个人信息和病情。

综上所述，老年人常见护理风险中家属的监护责任与沟通机制是相辅相成的。家属应认真履行监护责任，确保老年人的生活质量；同时，建立良好的沟通机制，加强与老年人的情感交流和信息传递，共同营造温馨和谐的家庭氛围。

知识链接

孙思邈的养生智慧：以养性助延长寿命

孙思邈《养生歌》中的养生智慧："欲求长生先戒性，火不出焉神自定。木还去火不成灰，人能戒性延性命。"这段话强调了养性在养生中的重要性，提醒我们要控制自己的欲望和情绪，保持内心的平和与宁静，从而达到延年益寿的目的。

第四节　制度建设与流程优化

学习目标

1. 掌握老年人护理风险评估标准。
2. 熟悉老年人护理风险评估流程。
3. 了解老年人护理风险评估护理记录的规范及管理。

一、护理风险评估标准与流程

（一）护理风险评估标准

老年人常见的护理风险评估标准包括跌倒/坠床、烫伤、压疮、误吸、窒息及管路滑脱等。每类风险都有其特定的评估标准和风险因素，如跌倒风险评估会考虑老年人的生理功能（如视力障碍、肢体功能障碍）、既往史（如心脑血管病、帕金森病）、药物应用（如镇静安眠药、降压药）及环境因素（如地面湿滑、灯光昏暗）等。老年人护理风险评估标准应全面覆盖老年人的健康状况、生活环境、社会支持、特殊风险等方面，以确保评估的准确性和有效性。这些标准通常包括但不限于以下几个方面。

1. 健康状况评估

(1)生理功能评估:包括自理能力(如饮食、穿衣、洗澡等)、基础运动能力(如行走、坐立、翻身等)等。

(2)心理状态评估:评估老年人的认知能力、情绪状态、心理状况等,以识别潜在的抑郁、焦虑等心理问题。

(3)疾病风险评估:评估老年人是否存在高血压、糖尿病、高血脂等慢性疾病及其并发症的风险。

2. 生活环境评估

(1)居家环境评估:检查家中是否存在跌倒、滑倒等安全隐患,如地面是否平整、家具摆放是否合理等。

(2)社区环境评估:评估社区内的医疗资源、康复设施、便利设施等是否满足老年人的需求。

3. 社会支持评估

(1)家庭支持评估:了解老年人的家庭成员结构、经济状况、照护能力等,以评估家庭对老年人的支持程度。

(2)社会服务评估:评估老年人是否能够获得足够的医疗、康复、照护等社会服务。

4. 特殊风险评估

(1)跌倒/坠床风险评估:针对老年人容易跌倒/坠床的特点,评估其跌倒/坠床的风险及可能造成的伤害。

(2)药品安全风险评估:评估老年人使用的药品是否合适,是否存在药物相互作用及不良反应的风险。

(二)护理风险评估流程

老年人护理风险评估流程应遵循科学、系统、全面的原则,以确保评估结果的准确性和有效性。

1. 前期准备

(1)成立评估小组:由医生、护士、养老护理员、社会工作者等多学科人员组成评估小组。

(2)制订评估计划:明确评估的目的、范围、方法、时间等。

(3)准备评估工具:根据评估标准选择合适的评估工具,如问卷、量表、仪器等。

2. 信息收集

(1)通过访谈、观察、测量等方式收集老年人的基本信息、健康状况、生活环境、社会支持、特殊风险等方面的信息。

(2)注意保护老年人的隐私和尊严,确保信息收集的合法性和合规性。

3. 风险评估

(1)根据收集到的信息,按照评估标准对老年人的护理风险进行逐一评估。

(2)使用科学的评估方法和技术手段,如护理风险评估模型、数据分析等,以提高评估的准确性和客观性。

4. 制订干预计划

(1)根据评估结果，为老年人制订个性化的干预计划。

(2)干预计划应针对老年人的具体风险点提出相应的预防措施和解决方案。

5. 实施与监测

(1)按照干预计划对老年人进行干预和照护。

(2)定期对干预效果进行监测和评估，根据评估结果及时调整干预计划。

6. 总结与反馈

(1)对整个评估过程进行总结和反思，提炼经验、教训。

(2)将评估结果和干预效果反馈给老年人及其家属，增强他们的健康意识和自我管理能力。

二、护理风险评估记录的规范与管理

(一)护理风险评估记录的规范

1. 记录内容全面

(1)护理风险评估记录应涵盖老年人的基本信息、健康状况、生活环境、社会支持、特殊风险等多个方面。

(2)护理风险评估记录具体包括但不限于跌倒/坠床风险、压疮风险、误吸风险、窒息风险、管路滑脱风险等常见老年人护理风险的评估结果。

2. 记录准确客观

(1)评估结果应基于科学的方法和标准，确保数据的准确性和客观性。

(2)记录时应避免主观臆断和偏见，确保评估结果的公正性。

3. 记录及时完整

(1)评估记录应及时完成，不得拖延或遗漏。

(2)记录内容应完整无缺，包括评估时间、评估人员、评估方法、评估结果等必要信息。

4. 使用专业术语

(1)记录过程中，应使用医学和护理领域的专业术语，确保记录的准确性和可读性。

(2)对于非专业术语，应给出明确的解释或说明。

5. 保护隐私安全

(1)记录过程中，应严格遵守隐私保护原则，确保老年人的个人信息不被泄露。

(2)记录应妥善保存，防止被未经授权的人员访问或篡改。

(二)护理风险评估记录的管理

1. 建立管理制度

(1)医疗机构应建立完善的老年人护理风险评估记录管理制度，明确记录的目的、范围、方法、要求等。

(2)制度应涵盖记录的保存、查阅、修改、销毁等各个环节。

2. 加强培训考核

(1)养老护理员应接受专业的老年人护理风险评估和记录培训,掌握评估方法和记录要求。

(2)医疗机构应定期对养老护理员进行考核,确保其具备相应的专业能力和素质。

3. 实施动态管理

(1)护理风险评估和记录应实施动态管理,根据老年人的病情变化和生活环境改变及时调整评估结果和记录内容。

(2)养老护理员应定期回顾和分析评估记录,总结经验教训,不断完善评估方法和记录规范。

4. 加强质量控制

(1)医疗机构应建立护理记录质量控制机制,定期对记录进行抽查和审核。

(2)发现问题后,应及时整改并追究相关责任人的责任,确保记录的真实性和准确性。

5. 促进信息共享

(1)医疗机构应建立信息共享平台,实现老年人护理风险评估记录的电子化管理和共享。

(2)通过信息共享可以提高工作效率,减少重复劳动,同时也有助于提升医疗服务的整体质量和水平。

📖 知识链接

保障老年人生活环境安全的措施有哪些?

环境安全可以使老年人有效降低跌倒/坠床等风险,提升他们的生活质量。那么,保障环境安全的具体措施有哪些呢?

一、照明充足

确保室内照明充足,特别是在夜间或光线较暗的区域,以提高能见度并减少阴影造成的视错觉。

二、地面防滑

选择防滑性能良好的地面材料,如橡胶或 PVC 材质,以降低滑倒风险。同时,保持地面干燥、整洁,避免杂物堆放。

三、家具布局合理

家具布局应简洁,避免过多的障碍物,确保行走路径宽敞且通畅。家具的边角应尽量选择圆润的设计,以减少碰撞伤害。

四、安装扶手

在楼梯、走廊、浴室、厕所等区域安装扶手,为老年人提供额外的支撑和安全感。

五、紧急响应系统

安装紧急呼叫按钮或拉绳,以便在发生跌倒/坠床或其他紧急情况时,老年人可以立即求助。

第五节　科技应用与创新

学习目标

1. 熟悉智能化监测设备的应用现状。
2. 掌握大数据在风险预警与管理中的应用。
3. 了解智能化监测设备的市场前景。

一、智能化监测设备的应用现状、市场前景与未来展望

(一)应用现状

1. 实时监测与预警

(1)智能化监测设备,如智能手环、智能手表等,能够实时监测老年人的心率、血压、血氧饱和度、睡眠质量等生理指标。一旦发现异常,智能化监测设备会立即向老年人或家属发出预警,提醒及时就医。

(2)某些高端智能化监测设备还能通过人工智能算法对老年人的日常行为进行分析,预测潜在的健康风险,如跌倒/坠床风险等。

2. 综合评估与健康管理

(1)智能化监测设备不仅能提供单一的生理参数监测,还能将多个参数进行综合分析,形成全面的健康评估报告。

(2)结合健康管理系统,设备可以为老年人提供个性化的健康管理方案,包括饮食建议、运动指导、心理干预等。

3. 远程医疗与紧急救援

可以将智能化监测设备与远程医疗系统相连,实现远程问诊、视频咨询等功能。在紧急情况下,智能化监测设备还可以自动拨打"120",提供位置信息,为救援争取时间。

(二)市场前景

1. 人口老龄化趋势加剧

全球人口老龄化的不断加剧,老年人口数量持续增长,这为老年人护理风险评估智能化监测设备提供了巨大的市场需求。

2. 健康意识提升

随着人们健康意识的不断提高,老年人及其家属对健康管理的需求也日益增长。智能化监测设备以其便捷、高效、精准的特点,满足了这一需求,市场潜力巨大。

3. 政策支持与产业发展

政府对数字化养老的重视程度不断提高,出台了一系列政策支持智能化监测设备的发展。同时,随着物联网、大数据、云计算等技术的不断进步,智能化监测设备的产业链不断完善,生产成本逐渐降低,将进一步推动市场的发展。

(三)未来展望

1. 技术创新与产品升级

未来,智能化监测设备将更加注重技术创新和产品升级。通过引入更先进的传感器技术、人工智能算法等,提高监测的准确性和可靠性;同时,不断优化用户体验,提升产品的便捷性和易用性。

2. 跨界融合与协同发展

智能化监测设备将与其他数字化养老服务进行跨界融合,如智能家居、智能医疗等。通过构建全方位的数字化养老生态系统,实现老年人健康管理的无缝衔接和全面覆盖。

3. 个性化与定制化服务

随着大数据和人工智能技术的深入应用,智能化监测设备将更加注重提供个性化和定制化的健康管理服务,如根据老年人的身体状况、生活习惯等个性化信息,为其量身定制健康管理方案,提高服务的针对性和有效性。随着科技的发展,智能化监测设备在老年人护理中的应用越来越广泛。这些设备包括智能手环、智能手表、家庭健康监测设备(如体重秤、血压计、血糖仪)及远程医疗设备(如心电图仪、血氧仪)等。这些设备可以通过对心率、血压、睡眠等指标的监测,以及紧急呼叫等功能,帮助老年人更好地了解自己的健康状况,并在紧急情况下及时联系家属或医疗机构。

二、大数据在风险预警与管理中的应用

(一)健康风险评估与预警

1. 个性化健康画像

通过收集老年人的生活习惯、饮食习惯、运动量、睡眠质量等多维度数据,大数据平台能够构建出详细的个性化健康画像。这种画像有助于识别老年人潜在的健康风险,如心血管疾病、糖尿病等慢性病风险,从而提前采取干预措施。

2. 早期疾病识别

许多老年疾病,如阿尔茨海默病、帕金森病等,早期症状并不明显。借助大数据技术对老年人细微的生活变化(如步态、语言模式等的变化)进行分析,养老护理员可以捕捉到疾病的蛛丝马迹,实现早期识别和预警。

3. 实时监测与预警

利用智能穿戴设备、智能家居传感器等,大数据平台可以实时监测老年人的心率、血压、血糖等生理指标,一旦发现异常,会立即发出预警,便于养老护理员及时采取救治措施。

(二)医疗资源优化配置

1. 疾病预测与资源规划

大数据平台通过分析老年人的健康数据,可以预测其疾病发病率、住院率等,帮助医疗机构进行资源规划,提前准备医疗人员、设备和服务,减少医疗资源的浪费,提升医疗服务效率。

2. 精准医疗与个性化治疗

通过对大量的基因组数据、临床试验数据进行分析，大数据技术可以推动精准医疗的发展。医生可以根据每位老年人的具体情况，制订个性化的治疗方案，提高治疗效果，减轻不良反应。

（三）社区服务与管理

1. 服务需求预测与满足

大数据平台可以收集老年人对社区服务的反馈和需求数据，如医疗服务、护理服务、文娱活动等，通过分析这些数据，可以帮助养老护理员了解老年人的服务需求和偏好，从而优化社区服务配置，提高服务质量和满意度。

2. 资源利用效率提升

大数据平台还可以分析社区内医疗资源、养老护理员、文娱设施的使用情况，通过数据分析优化资源配置，合理安排服务和活动，提高资源利用效率。

（四）心理健康支持

1. 心理状态监测与预警

大数据平台可以通过可穿戴设备、心理测试和问卷调查等方式收集老年人的情绪、压力等心理健康数据，通过分析这些数据，可以帮助养老护理员及时发现老年人的潜在心理问题，进而为老年人提供心理疏导和支持。

2. 社交活动设计与促进

大数据平台还可以分析老年人的社交行为数据，了解他们的社交需求和行为模式。基于这些数据，养老护理员可以设计针对性的社交活动，促进老年人的社交参与和心理健康。

（五）数据安全与隐私保护

在大数据技术的应用过程中，数据安全和隐私保护至关重要。因此，需要建立完善的数据保护机制，确保数据在传输和存储过程中的安全性；同时，应通过严格的访问控制机制，确保只有授权人员可以访问老年人的健康数据。

❋ 知识链接

智能穿戴设备与远程监控系统

一、案例概述

智能穿戴设备（如智能手环、智能手表等）结合远程监控系统，可为老年人提供全天候的健康监测和紧急救助服务。

二、科技应用与创新点

（一）健康数据监测

智能穿戴设备能够实时监测老年人的心率、血压、血糖等生理指标，并将数据传输至云端平台进行分析。

（二）紧急呼叫与定位

老年人可通过手环上的 SOS 按钮一键呼救，系统会立即通知预设好的紧急联系人，并提供实时定位信息，帮助快速找到老年人位置。

（三）跌倒/坠床监测与报警

部分智能穿戴设备具备跌倒/坠床监测功能，能够在老年人跌倒/坠床时自动触发报警机制，及时通知养老护理员或老年人家属。

第六节　社会支持体系构建

学习目标

了解社区、医院与家庭多方合作模式的内容。

一、医院与家庭等的多方合作模式探讨

（一）合作模式背景

随着全球老龄化趋势的加剧，老年人健康问题日益突出。老年人护理风险评估作为预防和管理老年人健康风险的重要手段，需要医院与家庭之间的紧密合作。通过多方合作，可以实现对老年人健康风险的全面监测、及时干预和有效管理。

（二）合作模式内容

1. 信息共享与沟通机制

（1）建立信息平台：医院与家庭之间应建立信息共享平台，以实现老年人健康信息的实时传输和共享。这有助于医院及时了解老年人的健康状况和风险因素，为制订个性化健康管理方案提供依据。

（2）定期沟通：医院与家庭之间应建立定期沟通机制，如定期家访、电话随访等，以了解老年人的生活状况、健康变化和需求变化，及时调整健康管理方案。

2. 风险评估与监测

（1）专业评估：医院应利用专业设备和技术对老年人进行全面的健康风险评估，包括跌倒/坠床风险、认知功能、心理健康等多个方面。评估结果应作为制订健康管理方案的重要依据。

（2）家庭监测：家属应在医院指导下，学习并掌握基本的健康监测技能，如血压、血糖监测等。同时，家属应关注老年人的日常生活习惯、情绪等的变化，若有异常情况，及时向医院反馈。

3. 个性化健康管理方案

（1）制订方案：根据风险评估结果和老年人的实际需求，医院应制订个性化的健康管理方案。方案应包括饮食指导、运动建议、药物管理、心理干预等方面。

（2）执行与监督：家属应积极参与健康管理方案的执行和监督工作，应协助老年人按时服药、合理安排饮食和运动等，并及时向医院反馈执行情况。

4. 紧急救援与转诊机制

（1）建立紧急救援网络：医院应与当地急救中心、社区卫生服务中心等建立紧急救援网络，确保老年人在遇到紧急情况时能够得到及时救治。

（2）转诊机制：对于需要进一步治疗或康复的老年人，医院应建立顺畅的转诊机制，通过与专科医院、康复中心等建立合作关系，为老年人提供连续、高效的医疗服务。

（三）合作模式优势

1. 提升服务质量

通过多方合作，可以实现对老年人健康风险的全面监测和及时干预，从而提升服务质量。

2. 增强家庭参与

家庭成员的积极参与有助于提升老年人的自我管理能力和生活质量，同时减轻医院的负担。

3. 促进资源共享

医院与家庭之间的合作有助于实现医疗资源的共享和优化配置，提高资源利用效率。

📖 知识链接

家庭监测设备在老年人风险防范中的作用

随着科技的进步，越来越多的家庭监测设备得到应用，在老年人风险防范中发挥了至关重要的角色。为老年人的生活安全提供了有力保障。

第一，家庭监测设备能够实时监测老年人的健康状况，如心率、血压等关键指标。一旦发现异常，设备会立即发出警报，提醒老年人或其家属及时采取措施，有效预防疾病的发生或恶化。这种实时监测的方式，让老年人能够在第一时间得到关注和照顾，降低了健康风险。

第二，家庭监测设备还具备智能安防功能，如烟雾报警、门窗传感器等，能够及时发现并预警潜在的安全隐患。这些设备不仅能提高老年人的居家安全性，还能让他们感到更加安心和舒适。

第三，家庭监测设备还具备紧急呼叫功能，当老年人遇到紧急情况时，可以通过设备一键求助，迅速联系到家属或急救中心。这种即时的响应机制，有助于为老年人提供及时有效的救援，从而减少意外事件的发生。

由此可见，有效的家庭监测设备不仅提高了老年人的生活质量，还让他们在享受科技便利的同时，感受到更多的关爱和保障。通过实时监测、智能安防和紧急呼叫等功能，家庭监测设备为老年人风险防范提供了全方位的保障，让他们的晚年生活更加安全、健康和幸福。

第七节　政策引导与法律法规保障

学习目标

了解政策引导、法律法规保障及具体实施措施。

一、政策引导

(一)明确政策目标

政府通过制定相关政策，明确老年人护理风险评估的目标和意义，旨在通过科学评估老年人的健康状况和风险等级，为制订个性化的健康管理方案提供依据，从而提高老年人的生活质量和健康水平。

(二)推动评估体系建设

政策鼓励和支持建立完善的老年风险评估体系，包括评估标准、评估方法、评估流程等方面的规范化建设。通过标准化、系统化的评估体系，确保评估结果的准确性和可靠性。

(三)促进资源整合与共享

政策引导社区、医疗机构、非政府机构等多方力量参与老年人护理风险评估工作，促进资源的有效整合和共享，通过构建跨部门、跨领域的协作机制，形成合力，共同推动老年人护理风险评估工作的深入开展。

(四)强化人才队伍建设

政府重视老年人护理风险评估专业人才的培养和引进，通过举办培训班、开展学术交流等方式，提高评估人员的专业素质和技能水平；同时，鼓励高校和科研机构加强相关学科的建设和研究，为老年人护理风险评估提供智力支持。

二、法规保障

(一)完善法律法规体系

政府应不断完善与老年人护理风险评估相关的法律法规体系，明确评估工作的法律地位和责任主体，通过立法手段，规范评估行为，保护老年人的合法权益。

(二)加强监管与执法

建立健全老年人护理风险评估的监管机制，加强对评估工作的监督检查和执法力度。对于违反法律法规的行为，依法进行严肃处理，确保评估工作的规范、有序进行。

(三)明确法律责任

在法律法规中明确评估机构、评估人员及评估对象的法律责任。对于因评估失误或故意隐瞒风险信息而造成损失的，依法追究相关责任人的法律责任。

三、具体实施措施

（一）制订评估标准与指南

根据老年人的生理、心理和社会特点，制订科学合理的评估标准和指南。明确评估内容、评估方法和评估流程等要求，确保评估工作的规范性和可操作性。

（二）推广智能化评估工具

鼓励和支持研发智能化评估工具和设备，如智能穿戴设备、远程健康监测系统等，通过科技手段提高评估的准确性和效率，减轻医护人员的工作负担。

（三）加强宣传与教育

通过媒体宣传、社区讲座等方式，加强对老年人护理风险评估的宣传和教育。提高老年人及其家属对评估工作的认识和理解，增强他们的参与意识和配合度。

（四）建立健全反馈与改进机制

建立健全评估结果的反馈与改进机制，及时将评估结果告知评估对象及其家属，并根据评估结果制订相应的健康管理方案。同时，定期收集对评估工作的反馈意见和建议，不断完善评估体系和服务流程。

第四章　典型案例

一、案例1：小区重度老龄化案例

西安市，作为陕西省的省会城市，近年来人口老龄化趋势日益显著。据统计，西安市60岁及60岁以上老年人口占比已达到较高比例。以碑林区为例，该区某老旧小区，常住人口500余人中，60岁以上人口占比高达43.7%，属于重度老龄化小区。这一数据反映了西安市人口老龄化问题的严峻性。

为了应对老龄化挑战，西安市政府采取了一系列措施，如推动适老化改造工程，提升老年人的生活质量。然而，随着老年人口的持续增加，如何在保障老年人生活质量的同时，促进社会的和谐发展，仍是西安市面临的重要课题。

二、案例2：一例因地面湿滑导致跌倒并发生骨折的案例

张奶奶，75岁，患有高血压和轻度骨质疏松，独居在家。某日在家中行走时，因地面湿滑不慎跌倒，导致右侧大腿骨折。邻居发现后，立即拨打"120"，并将其送往医院。

(一)跌倒的原因分析

1. 生理功能衰退

随着年龄的增长，张奶奶的视力、听力、平衡能力和肌力都有所下降，导致她对环境中的障碍物和危险情况反应迟钝，容易发生跌倒。

2. 疾病因素

高血压可能导致头晕等症状，影响张奶奶的行走稳定性；而骨质疏松则使骨骼变得更加脆弱，跌倒后容易发生骨折。

3. 环境因素

家中地面湿滑，且没有安装防滑设施，是导致张奶奶跌倒的直接原因。

(二)跌倒的后果与应对措施

1. 后果

跌倒后，老年人易发生骨折。

2. 应对措施

(1)紧急处理：张奶奶跌倒后，邻居及时拨打"120"，并将其送往医院进行救治。医生对张奶奶的骨折部位进行了固定和复位，并给予必要的药物治疗。

(2)康复护理：在医院接受了一段时间的康复治疗后，张奶奶回到了家中。为了促

进骨折愈合和恢复行走能力，医生为她制订了详细的康复计划，包括物理治疗、营养支持等。

（3）环境改善：为了防止再次跌倒，张奶奶的家属在家中安装了防滑地板、扶手等安全设施，并清理了家中的障碍物，同时还为张奶奶配备了拐杖等辅助行走工具。

（4）健康教育：养老护理员向张奶奶及其家人普及了跌倒的危害和预防知识，提醒他们注意日常生活中的安全细节，如保持地面干燥、避免穿拖鞋行走等。

通过上述护理措施的实施，张奶奶的跌倒风险得到了有效降低，康复进展顺利。

三、案例3：一例服药错误的案例

赵奶奶，72岁，患有胃部疾病，需长期服用胃黏膜保护剂——枸橼酸铋钾颗粒。同时，她的丈夫因低钾血症需服用补钾药——枸橼酸钾颗粒。这两种药物的名字和外观极为相似，导致赵奶奶在一次用药时发生了混淆（图4-1）。

图4-1　服药错误

（一）服药错误的原因分析

某日，赵奶奶在服用自己的胃药时，由于视力减退和药物包装相似，误将丈夫的枸橼酸钾颗粒当作自己的枸橼酸铋钾颗粒服用，连续服用了数天，结果导致血钾浓度过高，出现了电解质紊乱的症状，如心跳加速、呼吸困难等。

（二）服药错误的后果与应对措施

赵奶奶的症状逐渐加重，最终被家人送往医院。经过医生的检查和诊断，确认了她因误服药物导致的血钾过高和电解质紊乱。医生立即为赵奶奶进行了降低血钾浓度、纠正电解质紊乱等对症治疗措施。同时，医生也向赵奶奶及其家属详细解释了用药错误的原因和后果，并提醒他们在用药时要特别注意药物的名称、用途和用法。

为了防止类似事件的再次发生，赵奶奶的家属在医生的指导下采取了以下措施。

（1）将赵奶奶和她丈夫的药物分开存放，并贴上明显的标签，以区分不同的药物。

（2）在药物包装上圈出药物的关键字，并标记药物的用途或用法，以便赵奶奶在用药时能够准确识别。

（3）定期检查赵奶奶的视力状况，以确保她能够清晰地看到药物包装上的信息。

（4）提醒赵奶奶在用药前要认真阅读药物说明书，并咨询医生或药师的意见。

通过这个案例，我们可以看到老年人在用药时容易发生混淆和错误，因此，需要特别注意药物的名称、用途和用法。同时，家属和养老护理员也应该加强对老年人的用药指导和监督，以确保他们的用药安全。

四、案例4：一例因护理不当导致压疮的案例

王奶奶，80岁，因中风导致下半身瘫痪，长期卧床。由于家属护理不当，王奶奶在卧床期间不幸发生了压疮（图4-2）。

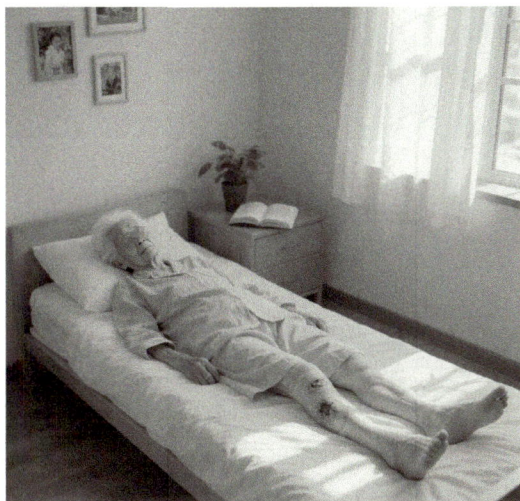

图4-2　因护理不当导致压疮

（一）压疮的原因分析

王奶奶因中风导致瘫痪，长期卧床，其家属缺乏专业护理知识。王奶奶早期感觉骶尾部有些不适，但并未引起其家属的足够重视，之后骶尾部的皮肤开始出现红肿、破溃，并逐渐扩大。家属这才意识到问题的严重性，但此时压疮已经形成了。

（二）压疮的后果与应对措施

王奶奶被送往医院后，医生发现她的压疮已经深达皮下组织，并伴有感染。经过清创、换药和抗感染治疗，王奶奶的压疮逐渐好转，但留下了明显的疤痕。

这个案例提醒我们，长期卧床的老年人非常容易发生压疮，而压疮的预防和治疗对于老年人的健康至关重要。家属应该加强对老年人的护理，定期为老年人翻身、清洁皮肤、保持床铺干燥等，以避免压疮的发生。同时，一旦发现老年人出现压疮的症状，应立即就医，以免延误病情。

通过加强护理和及时就医，可以有效地预防和治疗压疮，为长期卧床的老年人提供更好的照护。

五、案例 5：一例快速饮水导致误吸的案例

李爷爷，65 岁，是一名慢性阻塞性肺疾病合并慢性肺源性心脏病的尘肺患者，呼吸困难、消瘦虚弱、全身乏力，需要卧床休息。某日，李爷爷在大口快速饮水后突然出现呼吸急促、口唇发绀等症状，家人见状立即将其送往医院（图 4 - 3）。医生经支气管镜检查发现，李爷爷肺内有液体，被明确诊断为吸入性肺炎。经支气管镜灌洗、呼吸机辅助通气及积极抗感染后病情转危为安。

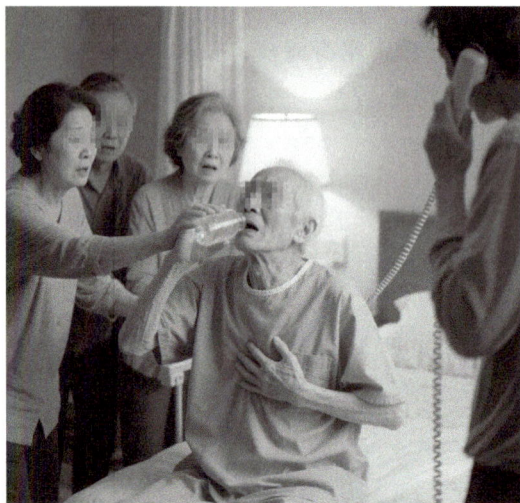

图 4 - 3　因快速饮水导致误吸

（一）误吸的原因分析

老年人的食管括约肌逐渐松弛，咽喉部感知功能减退，吞咽功能受到影响，是发生误吸的高危人群。李爷爷由于大口快速饮水，导致吞咽不及时，部分水进入气道，从而发生误吸。

（二）误吸的后果与应对措施

误吸的危害极大，可引发吸入性肺炎，严重时甚至会导致窒息和死亡。

吃饭喝水时应小口进食且要专心，速度应尽量慢。饭后不要马上平躺，保持直立坐姿 30 min 以上。夜间睡觉可适当抬高床头 30°，以预防睡眠中发生误吸。对于有吞咽功能障碍的老年人，应在医生的指导下进行吞咽功能训练，或采取鼻饲管进食等方式，以避免误吸的发生。

此案例再次提醒我们，老年人在饮水或进食时需特别小心，避免快速饮水或进食，以减少误吸的风险。同时，家属和养老护理员也应加强对老年人的照护和监测，以及时发现并处理潜在的误吸风险。

六、案例 6：一例由牙齿脱落后护理不当导致全身感染的案例

王爷爷，68 岁，因牙齿脱落未及时进行修复，同时口腔护理不当，导致口腔内细菌滋生。随着时间的推移，这些细菌逐渐侵入循环系统，引发了全身感染。

（一）牙齿脱落后护理不当导致全身感染的原因分析

王爷爷牙齿脱落后最初表现为口腔疼痛、口腔异味、牙龈出血等症状，但并未引起足够重视。牙齿脱落后，王爷爷的咀嚼功能下降，食物残渣更容易滞留于口腔内，为细菌滋生提供条件。随着病情的恶化，王爷爷出现发热、寒战、乏力等全身感染症状。在医院就诊时，医生通过血液检查和口腔检查，确诊王爷爷为口腔感染引发的全身感染。

（二）牙齿脱落后护理不当导致全身感染的后果与应对措施

口腔护理不当，引发了全身感染，严重时可能危及生命。预防措施如下。

1. 及时修复牙齿

牙齿脱落后，应及时就医进行修复，以提高口腔健康水平。

2. 加强口腔清洁

每天早晚刷牙，使用牙线、牙间隙刷等工具清洁牙齿邻面，保持口腔清洁。

3. 定期进行口腔检查

建议每年至少进行一次口腔健康检查，以及时发现并处理口腔问题。

此案例提醒我们，牙齿脱落和口腔护理不当可能引发严重的全身感染。因此，我们应该重视口腔健康，及时就医，进行牙齿修复和口腔清洁，以预防类似情况的发生。

七、案例7：一例过量服用地高辛的案例

刘爷爷，66岁，患有心力衰竭。平时按照医嘱，每日1次，每次服用0.5片地高辛。然而，刘爷爷嫌病情好转得慢，在服用药物几天后便瞒着家属擅自增加剂量和服药次数。随后，刘爷爷开始出现头痛、乏力、视物模糊、失眠、谵妄等症状，心律失常逐渐显现，出现室性心动过速等严重体征。医院诊断：经过检查，医生发现刘爷爷室性心动过速严重，判断为地高辛过量导致的中毒反应。紧急治疗：医生立即对刘爷爷进行了抢救，具体措施包括停药、洗胃、补液、利尿、保护心肌等。几小时后，刘爷爷的病情总算转危为安。

（一）过量服用地高辛的原因分析

刘爷爷自觉病情好转得慢，不熟悉地高辛的性能，擅自加大剂量和服药次数。

（二）过量服用地高辛的后果与应对措施

老年人的生理功能逐渐减退，对地高辛等药物的耐受性和代谢能力降低，使用药物过程应严格遵医嘱用药，不要擅自改变用药剂量和用药方式。长期使用地高辛的老年人应定期监测药物血药浓度，以确保药物在体内维持于安全范围内。老年人可能同时服用多种药物，应注意药物之间的相互作用，避免发生不良反应。

这个案例再次提醒我们，地高辛是一种治疗剂量和中毒剂量非常接近的药物，在使用过程中需要特别小心。老年人在使用地高辛时应更加谨慎，并严格遵医嘱用药。同时，定期监测药物浓度和注意药物相互作用也是预防地高辛中毒的重要措施。

八、案例8：根据案例写出护理诊断并提出相应的护理措施

赵爷爷，男，77岁。因"头晕、反应迟钝8 d，加重3 d"入院。诊断为脑梗死、脑

萎缩、冠心病。体格检查：体温 35.5 ℃，脉率 82 次/分，血压 106/46 mmHg，口唇发绀。呼之不应，神志不清，两侧瞳孔固定、等大等圆、直径 1.5 mm，对光反射迟钝。辅助检查：血氧饱和度 85%，末梢血糖 14.5 mmol/L。护理诊断及护理措施如下。

1. 疼痛护理

密切观察患者的疼痛情况，评估疼痛的性质、程度和部位。采取有效措施缓解疼痛，如按摩、热敷或遵医嘱给予止痛药物。

2. 躯体移动障碍护理

鼓励患者进行适当的肢体锻炼，如被动运动、主动运动等，以促进肢体功能的恢复。对于行动不便的患者，提供必要的辅助工具，如轮椅、拐杖等，并确保其能够安全使用。

3. 吞咽障碍护理

对于吞咽障碍严重的患者，可采用鼻饲管或胃造瘘等营养支持方式。指导患者进行吞咽功能训练，如做口腔操、吞咽练习等，以促进吞咽功能的恢复。在进食时，选择软饭或半流质食物，避免粗糙、干硬、辛辣的食物。

4. 皮肤护理

定期为患者翻身、更换体位，保持皮肤清洁干燥，避免长时间受压。对于已发生的压疮，及时处理并预防感染。提供舒适的床垫和衣物，以减少皮肤摩擦和受压的风险。

5. 意识障碍护理

密切观察患者的意识状态，以及时发现并处理异常情况。保持患者的呼吸道通畅，防止误吸和窒息。遵医嘱给予相应的药物治疗，以改善患者的意识状态。

6. 血糖管理

监测患者的血糖水平，根据血糖情况调整饮食和给予药物治疗。建议患者选择低盐、低脂、高纤维饮食，避免高脂、高胆固醇食物。控制食量，避免暴饮暴食，有助于维持健康体重和血糖水平。

7. 低氧血症护理

给予患者氧气吸入，以提高血氧饱和度。密切观察患者的呼吸情况，及时发现并处理呼吸困难等异常情况。保持患者的呼吸道通畅，避免分泌物堵塞。

8. 心理支持

与患者及其家属进行沟通，了解其心理需求，及时进行情绪疏导，帮助患者树立战胜疾病的信心。

9. 病情监测

定期监测患者的生命体征、血糖、血氧饱和度等指标，以及时发现并处理异常情况。

10. 安全护理

确保患者的居住环境安全，防止跌倒、烫伤等意外事件发生。

九、案例 9：根据案例写出可能会出现的不良反应及健康指导

李奶奶，78 岁，患糖尿病、高血压 20 余年。长期服用降压药、降糖药，同时自行

服用保健品，定期进行中药调理。其主诉常有胃部不适、腹泻。血压控制较好，血糖控制不佳。在老年人服药方面，为保证服药安全，养老护理员应给予哪些指导？

（一）可能出现的药物不良反应

1. 降压药物的不良反应

血管紧张素醛固酮受体拮抗药：可能导致高血钾、干咳等不良反应。利尿药：可能导致水、电解质紊乱，如低钾，以及机体血脂代谢异常。β受体阻滞剂：可能抑制胰岛素的分泌，引发高血糖。

2. 降糖药物的不良反应

二甲双胍：可能引起腹泻。格列美脲：可能引起低血糖。

3. 保健品与中药的不良反应

保健品可能与降压药、降糖药产生相互作用，影响药效或增加不良反应风险。

（二）预防措施

1. 定期监测

应定期监测血压、血糖、血脂、电解质等指标，以及时发现异常并调整药物。

2. 遵医嘱用药

不随意增减药物剂量，不自行更换药物种类。对于保健品和中药，应在医生指导下使用，避免与降压药、降糖药产生相互作用。

3. 饮食调整

保持低盐低脂、高纤维饮食，有助于控制血压和血糖。避免食用可能引发不良反应的食物，如辛辣、油腻食物等。

4. 生活方式改善

规律作息，避免熬夜和过度劳累。适量运动，如散步、打太极拳等，有助于改善血液循环和控制体重。

（三）健康教育

1. 药物知识教育

向老年人详细解释每种药物的作用、用法、用量及可能出现的不良反应。强调遵医嘱用药的重要性，不随意增减药物剂量或更换药物种类。

2. 用药时间管理

指导老年人按时服药，确保药物在体内保持稳定的浓度。对于需要空腹或饭后服用的药物，应明确告知老年人具体的服药时间。

3. 药物相互作用

提醒老年人注意药物之间的相互作用，特别是保健品和中药与降压药、降糖药之间的相互作用。建议老年人在使用新的保健品或中药前，先咨询医生或药师。

4. 不良反应监测

教会老年人识别药物不良反应的表现，如胃部不适、腹泻、低血糖反应等。一旦出现不良反应，应立即停药并就医。

5. 生活方式干预

鼓励老年人保持健康的生活方式，如规律作息、合理饮食、适量运动等，以辅助药物治疗。提醒老年人避免情绪激动及过度紧张、焦虑，以利于保持血压和血糖的稳定。

综上所述，养老护理员在指导老年人服药时，应综合考虑老年人的病情、药物特性及生活方式等因素，为老年人提供全面、细致的用药指导，确保服药安全有效。

十、案例 10：根据案例写出老年人消瘦的原因及改善营养状况的措施

张爷爷，75 岁，半年前妻子去世，仅有一子，在国外工作。他目前独居，经济状况尚好，自理能力差。平素体健，半年来体重下降 5 kg，医院体检示无明显器质性病变。他自诉妻子过世后很少外出，食欲有所减退，无明显饥饿感，食量减少。

（一）问题 1. 张爷爷的消瘦可能与哪些因素有关？

1. 心理因素

张爷爷的妻子去世可能给他带来了极大的心理创伤，导致情绪低落、食欲不振。长期的孤独感和悲伤可能进一步影响他的食欲和进食习惯。

2. 生活方式

张爷爷独居且自理能力差，可能缺乏规律的饮食和生活习惯。此外，他很少外出，可能减少了与朋友和家人的交流，进一步影响食欲。

3. 生理因素

尽管体检未发现明显器质性病变，但老年人本身的新陈代谢速度较慢，消化、吸收能力也有所下降，这也可能导致体重下降。

（二）问题 2. 采用哪些措施可有效改善张爷爷的营养状况？

1. 给予心理支持

为张爷爷提供心理咨询或心理治疗，帮助他走出悲伤，重建积极的生活态度。

2. 改善生活方式

鼓励张爷爷建立规律的饮食和生活习惯，可以邀请亲友或社区志愿者定期探访，提供陪伴和帮助。

3. 调整饮食结构

为张爷爷提供营养丰富、易于消化的食物，确保摄入足够的蛋白质、维生素和矿物质。可以考虑聘请专业的营养师为他制订个性化的饮食计划。

4. 增加社交活动

鼓励张爷爷参加社区或老年中心的社交活动，增加与他人的交流，提高生活质量。

5. 加强医疗监测

定期进行体检，以及时发现并处理可能影响营养状况的健康问题。

综上所述，张爷爷的消瘦可能与心理因素、生活方式和生理因素等多种因素有关。为了改善他的营养状况，可以从给予心理支持、改善生活方式、调整饮食结构、增加社交活动和加强医疗监测等方面入手。

十一、案例 11：老年人恐惧心理的形成原因及解决方案

张奶奶患有轻度认知障碍，由于年龄增长和疾病影响，她的平衡能力和反应速度

逐渐下降，夜间睡眠时曾多次发生无意识翻滚导致坠床的情况，不仅造成了身体上的擦伤和疼痛，还带来了较严重的恐惧心理。

为了解决这一问题，张奶奶的家属咨询了养老护理员，并在张奶奶的卧室中安装了一张特别设计的、配备有稳固防护栏的病床。这张床的防护栏采用高质量材料制成，既保证了足够的强度和稳定性，又考虑到了老年人的舒适性和安全性，边缘光滑，有助于避免意外碰撞造成伤害。

自从使用了装有防护栏的病床后，张奶奶再也没有发生过坠床事件。她能够在夜间安心入睡，不必再担心翻滚或跌落，睡眠质量得到了显著提升。同时，这一改变也极大地减轻了家属和养老护理员的心理负担，让他们能够更加专注于张奶奶的其他日常照护工作，提高了整体的护理效率和质量。

十二、案例 12：掌握误吸紧急处理方法，挽救老年人的生命

李爷爷患有阿尔茨海默病，由于疾病的影响，他的吞咽功能逐渐衰退，日常生活中容易发生误吸等情况。一次吃晚餐时，李爷爷不慎将一小块食物吸入气道，顿时出现剧烈呛咳、面色发绀、呼吸困难等紧急状况，情况十分危急。

幸运的是，李爷爷的家属在平时学习了老年人误吸的紧急处理方法，并熟练掌握了海姆立克急救法等技能。面对这一突发状况，家属保持冷静，迅速评估了李爷爷的情况，立即采取了海姆立克急救法。他们站在李爷爷的背后，环抱其腰部，一手握拳，拳心向内按压于李爷爷的肚脐和肋骨之间的部位，另一手手掌捂按在拳头之上，双手急速用力向内向上挤压，反复实施，直到李爷爷将异物咳出，呼吸恢复顺畅。

经过及时的紧急处理，李爷爷成功脱险，避免了因误吸导致的严重后果。这一案例充分展示了掌握老年人误吸紧急处理方法的重要性。它不仅能够在关键时刻挽救老年人的生命，还能够减轻家庭和社会的负担，提高老年人的生活质量。

因此，对于家有老年人的家庭来说，了解并掌握老年人误吸的紧急处理方法至关重要。这包括但不限于学习海姆立克急救法等急救技能、保持老年人进食时的正确姿势和速度、避免让老年人在进食时分散注意力或情绪波动等。同时，家人还应密切关注老年人的身体状况和饮食习惯，及时发现并纠正可能导致误吸的因素，为老年人创造一个安全、健康的生活环境。

十三、案例 13：建立完善的老年人护理风险评估制度，避免护理风险发生

（一）案例背景

某大型综合医院针对老年患者日益增多的趋势，为提升护理质量、降低护理风险，决定建立完善的老年人护理风险评估制度。

（二）制度建设

1. 成立专项小组

医院成立了由老年病科、护理部、信息中心等多部门组成的老年人护理风险评估专项小组，负责制度的设计与实施。

2. 制订评估标准

小组依据国内外最新研究成果和临床实践，制订全面、科学的老年人护理风险评估标准，涵盖跌倒/坠床、压疮、误吸、窒息、认知功能下降等多个方面。

3. 明确评估流程

制订详细的评估流程，包括评估时机、评估人员、评估方法、评估结果记录与反馈等环节，确保评估工作的规范性和有效性。

4. 建立信息化平台

利用医院信息系统，建立老年人护理风险评估信息化平台，实现评估数据的实时录入、分析与共享，提高评估效率和准确性。

（三）案例亮点

1. 个性化评估方案

根据老年患者的具体情况，制订个性化的评估方案，确保评估的针对性和有效性。例如，对于存在认知障碍的患者，采用图文并茂的评估工具，简化评估流程，提高患者配合度。

2. 动态评估机制

建立动态评估机制，定期对患者进行复评，根据病情变化及时调整评估结果和护理措施。同时，加强医护人员之间的沟通与协作，确保评估信息的及时传递和处理。

3. 风险预警与干预

通过老年人护理风险评估信息化平台，设置风险预警阈值，一旦发现高风险患者，立即启动干预措施，如加强监护、提供辅助器具、进行健康教育等，以降低不良事件的发生率。

4. 持续改进机制

建立评估工作持续改进机制，定期收集患者、家属及医护人员的反馈意见，对评估标准、流程、措施等进行持续优化和改进，确保评估工作的科学性和有效性。

（四）案例成果

1. 护理质量提升

通过实施老年人护理风险评估制度，医院护理质量显著提升，老年人的不良事件发生率明显下降。

2. 患者满意度提高

个性化评估方案和动态评估机制的实施，使老年人得到了更加精准、有效的护理服务，患者及其家属的满意度显著提高。

3. 医护人员能力提升

评估工作的开展促进了医护人员对老年护理知识的学习和掌握，提高了他们的专业技能和服务水平。

4. 管理效率提升

老年人护理风险评估信息化平台的建设和应用，使评估数据的收集、分析和处理更加便捷高效，提高了医院护理管理的效率和质量。

十四、案例 14：合理应用智能设备保障生命安全

80 岁高龄的王奶奶是一位独居老年人。由于年龄较大，她的记忆力和反应能力都有所下降，居家生活存在一定的安全隐患。为了保障王奶奶的安全，社区工作人员为她安装了联网式烟雾感应报警器、可燃气体泄露感应报警器等智能设备，并接入了"互联网＋社区"24 小时呼叫中心。

（一）智能设备的使用方法

培训师向王奶奶和社区工作人员普及智能设备的使用方法。

1. 联网式烟雾感应报警器和可燃气体泄露感应报警器

王奶奶家的厨房安装了联网式烟雾感应报警器和可燃气体泄露感应报警器。这些设备能够实时监测厨房内的烟雾和可燃气体浓度。一旦超过安全阈值，报警器会立即发出警报，并通过网络将报警信息发送至"互联网＋社区"24 小时呼叫中心。

2. 紧急响应机制

当报警器发出警报时，社区呼叫中心的工作人员会立即收到报警信息，并第一时间致电王奶奶确认情况。如果王奶奶无法接听电话或情况紧急，呼叫中心会立即联系消防部门或派遣附近的养老护理员前往王奶奶家查看并处理险情。

（二）实际效果

2020 年 3 月 10 日傍晚，王奶奶在家煮粥时忘记关火外出，导致粥在锅中煮干冒烟，触发了联网式烟雾感应报警器。社区呼叫中心的工作人员在收到报警信息后，立即致电王奶奶，并告知她厨房的情况。王奶奶迅速回家关闭了火源，虽然烧坏了一口锅，但避免了一场火灾的发生。

通过这一案例可以看出，智能设备在老年人风险防范中发挥了重要作用。它们能够实时监测老年人的居家环境，及时发现并预警潜在的安全隐患，为老年人的生活安全提供有力保障。

十五、案例 15：沟通与陪伴的重要性

张奶奶，年近八旬，独居，自从丈夫去世后，她便独自生活在某市老城区的一栋老式住宅里。张奶奶有三个子女，都因工作繁忙和居住地的距离问题，平时只能通过电话简单问候张奶奶，很少有机会与她面对面交流。随着时间的推移，张奶奶逐渐感到孤独，对生活的热情也逐渐减退，甚至出现了轻微的抑郁症状，如食欲不振、睡眠质量下降等。

（一）问题的发现

一次偶然的机会，张奶奶的大女儿小丽发现母亲在电话中声音低沉，情绪似乎不太对劲。小丽意识到，虽然平时有保持联系，但这种"快餐式"的沟通方式可能并未真正触及母亲内心的需求与感受。于是，小丽与兄弟姐妹商量后，决定轮流回家陪伴母亲，并尝试建立更加深入和有效的沟通方式。

（二）有效沟通的实践

1. 面对面交流

小丽首先安排了周末的时间，亲自回家陪伴母亲。她不仅询问了母亲的身体状况，还耐心倾听母亲讲述过去的故事、邻居的趣事及其对生活的点滴感受。这种面对面的交流，让张奶奶感受到了久违的温暖和被重视的感觉。

2. 共同活动

随后，子女们根据母亲的兴趣爱好，安排了一些共同的活动，如散步、进行园艺活动、看电影等。这些活动不仅丰富了张奶奶的生活，也为他们提供了更多的话题和沟通的机会。在共同参与的过程中，家庭成员间的情感联系更加紧密。

3. 情感支持

子女们还学会了更加敏锐地察觉母亲的情绪变化的方法，及时给予安慰和鼓励。当张奶奶提到对未来的担忧或不安时，他们会耐心地倾听并给出积极的建议，帮助母亲建立更加乐观的心态。

（三）结果与影响

经过一段时间的努力，张奶奶的精神状态有了明显的改善。她变得开朗，食欲和睡眠质量也有所提升。更重要的是，她与子女之间的关系变得亲密无间，彼此之间有了更多的理解和支持。张奶奶经常感慨地说："有你们在身边，我感觉自己又年轻了10岁。"

这个案例充分说明了家属与老年人有效沟通的必要性。随着年龄的增长，老年人往往更加需要家属的陪伴和关爱，而有效的沟通则是实现这一目标的关键。通过面对面的交流、共同的活动及情感的支持，家属可以更好地了解老年人的内心需求，帮助他们排解孤独与忧虑，从而提升他们的生活质量和幸福感。

十六、案例16：滨河街道某社区卫生服务中心的"家门口医院"模式

（一）合作模式

1. 社区医院主导，整合资源

滨河街道某社区卫生服务中心作为服务主体，整合了医疗、护理、康复、公共卫生等多方面资源，为老年人提供一站式健康管理服务。

2. 家庭参与，协同照护

鼓励家属积极参与老年人的健康管理和风险评估过程，与社区医院形成紧密的协作关系。家属负责日常的照护和观察，发现异常情况后及时与社区医院沟通。

3. 定期评估，动态管理

社区医院定期对老年人进行健康评估和风险评估，包括身体状况、心理状态、生活自理能力等方面。根据评估结果，制订个性化的健康管理计划和风险防控措施。

4. 上门服务，精准施策

对于行动不便或病情较重的老年人，社区医院提供上门医疗、康复、护理服务。家庭医生团队根据老年人的具体情况，制订针对性的上门服务计划，并进行定期随访

和评估。

5. 健康教育，提升意识

社区医院定期开展健康讲座、健康咨询等活动，提高老年人及其家属的健康意识和自我管理能力。通过发放健康宣传资料、播放健康教育视频等方式，普及老年健康知识和风险防控技能。

(二)实施效果

1. 提高了老年人的健康水平

通过定期评估和精准施策，老年人的健康状况得到明显改善，慢性病得到有效控制，生活质量显著提高。

2. 增强了家庭成员的照护能力

通过参与健康管理和风险评估过程，家属的照护能力得到提升，能够更好地满足老年人的健康需求。

3. 促进了社区的和谐发展

社区医院与家庭的紧密合作，增强了社区居民的归属感和凝聚力，促进了社区的和谐发展。

4. 提升了医疗服务的效率和质量

通过整合资源、优化流程、精准施策等措施，社区医院的医疗服务效率和质量得到提升，更好地满足了老年人的健康需求。

参考文献

[1] 原新，金牛．中国老龄社会：形态演变、问题特征与治理建构[J]．中国特色社会主义研究，2020(Z1)：81-87．

[2] 石智雷，顾嘉欣，傅强．社会变迁与健康不平等——对第五次疾病转型的年龄—时期—队列分析[J]．社会学研究，2020，35(6)：160-185，245．

[3] 张苏，李泊宁．人口老龄化与养老金可持续性研究进展[J]．经济学动态，2021(2)：126-142．

[4] 葛延风，王列军，冯文猛，等．我国健康老龄化的挑战与策略选择[J]．管理世界，2020，36(4)：86-96．

[5] 于普林．老年医学[M]．3版．北京：人民卫生出版社，2023．

[6] 谢春华，梁桂珍，李杏粉．小儿气管及支气管异物的护理[J]．护理实践与研究，2017，14(10)：73-74．

[7] 郭文琼，赵婉莉，汤志梅．气道异物梗阻急救的教学实践[J]．中华医学教育探索杂志，2018，17(9)：930-933．

[8] 林崇德．发展心理学[M]．北京：人民教育出版社，2015．

[9] 董慧秋，王高玲，汤少梁．社会隔离、孤独感与老年健康不平等——跨越"社交困境"陷阱[J]．中国卫生事业管理，2024，41(4)：453-458．

[10] 孙领燕．社区老年人护理计划干预对社区老年人认知功能、跌倒风险及生活质量的影响[J]．国际护理学杂志，2020，39(23)：4406-4409．